Roxy Pope &
Ben Pook
von SO VEGAN

VEGAN *So easy!*

100 Expressgerichte, die wirklich schnell auf dem Tisch stehen

Roxy Pope &
Ben Pook
von SO VEGAN

VEGAN
So easy!

100 Expressgerichte,
die wirklich schnell
auf dem Tisch stehen

riva

WILLKOMMEN BEI »SO VEGAN«

Wir sind Roxy und Ben alias SO VEGAN – ein Paar, das seine Energie aus pflanzlicher Nahrung schöpft. Wir sind schlicht davon überzeugt, dass sich das Essen, für das wir uns entscheiden, positiv auf unsere Gesundheit und auf den Planeten auswirken kann. Aber kein x-beliebiges Essen. Wir reden von veganen Gerichten, die mit minimalem Aufwand sehr viel Geschmack bieten.

Wie viele andere auch denken wir fast ständig ans Essen. Wir wachen morgens auf und überlegen, mit welchen Köstlichkeiten wir uns an diesem Tag verwöhnen werden. Ein Grund dafür ist vermutlich, dass wir einen großen Teil der Wachstunden in der Küche verbringen. Vor allem aber sind wir überzeugt davon, dass Kochen ein Hobby ist, das Spaß bereiten kann und sollte! Wir Menschen verbringen damit eine Menge Lebenszeit, es gibt also keinen Grund, warum wir nicht versuchen sollten, das Beste draus zu machen.

Nur allzu oft wird allerdings so getan, als sei es kompliziert und zeitaufwendig, nahrhafte vegane Kost zuzubereiten, und dann fällt es schwer, sie zu genießen. Deswegen findest du in diesem Buch 100 supereinfache Gerichte zum Mittag- oder Abendessen, inklusive einiger Desserts, die dir das Leben erheblich erleichtern werden. Es geht um unkomplizierte und schnelle Mahlzeiten, die nicht nur dir und dem Planeten guttun, sondern ganz einfach Spaß bereiten.

Mit diesem Gedanken im Sinn haben wir entschieden, das Buch entsprechend der Zubereitungszeit eines Gerichts in vier Kapitel zu unterteilen: »Höchstens 15 Minuten«, »15–30 Minuten«, »Mindestens 30 Minuten« und »Desserts«.

Wir wünschen uns, dass du dieses Buch aufschlägst und rasch Gerichte findest, die sich nahtlos in dein geschäftiges Leben einfügen. So kannst du deine Rezepte leicht planen und weißt, wie lange es dauert, sie zu kochen. Du brauchst ein superschnelles Abendessen für werktags? Schau direkt im Kapitel »Höchstens 15 Minuten«. Freunde oder Verwandte sollen am Sonntag beeindruckt werden? Sieh bei »Mindestens 30 Minuten« nach. Außer den Desserts sind alle Rezepte leckere Mahlzeiten, die Mittag- oder Abendessen sein können, oft sogar beides.

Unsere Kochphilosophie folgt ein paar simplen Grundsätzen: Wir möchten Menschen anregen, veganes Essen zu kochen, das leicht zu beschaffen und nahrhaft ist – und schmecken soll es auch. Diese Leitprinzipien sind der Rahmen, der all unsere Rezepte prägt, du kannst also viele bezahlbare Gerichte erwarten, bei denen dir das Wasser im Mund zusammenläuft, deren Zutaten einfach zu bekommen sind und die oft sehr proteinhaltig sind oder problemlos glutenfrei zubereitet werden können.

Und wir haben dieses Buch erarbeitet, weil es noch nie wichtiger war, mehr pflanzliche Kost zu essen. Viele Studien haben gezeigt: Wenn wir die Menge an Fleisch und Milchprodukten, die wir verzehren, reduzieren und sie durch pflanzliche Nahrungsmittel ersetzen, kann uns das im Kampf gegen die Klimakrise ein großes Stück weiterhelfen. Unsere Plattform – SO VEGAN – gibt es, weil wir dir die Tools an die Hand geben möchten, mit denen du dieser Herausforderung begegnest. Dieses Buch ist der nächste Schritt in dieser Mission.

Lass dieses Buch also deine Toolbox sein, gut gefüllt mit praktischen Rezepten. Sie helfen dir, gesünder zu essen und zugleich den Planeten zu schonen. Und dabei genießt du eines der schönsten Vergnügen im Leben: das Kochen.

GRUNDLEGENDE VERÄNDERUNGEN DER LETZTEN JAHRE

Bezogen auf das Private: Wir haben eine Familie gegründet! SO VEGAN hat nun zwei Mini-Mitglieder, die auf die Namen Maya und Esi hören – und unseren Projekten immer gern die Show stehlen. Außerdem sind wir in ein neues Küchenstudio in Peckham im Südosten Londons umgezogen. Dort wurden alle Rezepte für dieses Buch entwickelt. Und schließlich haben wir unsere eigene SO-VEGAN-Rezepte-App gestartet, die von unserer wundervollen Community sehr gut angenommen wird.

Mit Blick auf den größeren Zusammenhang hat sich in der Welt um uns herum ebenfalls viel verändert. Die Gesellschaft ist immer noch dabei herauszufinden, wie man sich am besten von der Pandemie erholt, und wir stecken mitten in einer Krise der Lebenshaltungskosten, wodurch viele Menschen Gefahr laufen, in existenzielle Probleme zu geraten.

Gerade jetzt gibt es viel Unsicherheit. Doch Kochbücher sind ja faszinierenderweise oft nicht nur Momentaufnahmen, sondern sie zeigen auch nützliche Wege auf, wie wir einige Hürden angehen können, vor denen wir stehen. Wir sind zutiefst überzeugt, dass auch VEGAN: SO EASY ein solches Kochbuch ist.

Als wir im Jahr 2016 mit SO VEGAN begannen, hatten wir nicht wirklich bedacht, welche Art von Essen es sein sollte – wir wollten einfach leckere vegane Mahlzeiten kreieren. Instinktiv haben wir auch Rezepte entwickelt, die leicht zuzubereiten waren. Warum? Weil wir selbst immer genau so gekocht haben. Wir sind vom Essen völlig begeistert. Das heißt aber nicht, dass wir mehr Zeit in der Küche verbringen wollen als notwendig, vor allem nicht nach einem langen Arbeitstag.

Machen wir einen Sprung in die Gegenwart: Unsere Einstellung hat sich nicht verändert. Jetzt allerdings treibt uns die Mission an, die Welt gesünder und glücklicher zu machen. Soweit es uns betrifft, schließt dies ein, schmackhaftes, nahrhaftes veganes Essen für alle Menschen verfügbar zu machen.

Auf diesen Seiten wirst du also Rezepte entdecken, die nicht nur praktisch und bezahlbar sind, sondern die deinem Körper auch viele der Nährstoffe geben, die er braucht, damit du dich gut fühlst. Es sind einfache Gerichte aus Zutaten, die du in deinem heimischen Supermarkt bekommen kannst, nicht in rätselhaften und teuren Geschäften.

Diese Verfügbarkeit ist uns am allerwichtigsten. Es geht darum, Barrieren abzubauen und viele Menschen zu ermutigen, weniger Fleisch- und Milchprodukte zu verzehren und stattdessen auf mehr vegane Lebensmittel umzustellen. Das ist mit Abstand eine der wirkungsvollsten Möglichkeiten, wie wir positiv auf den Planeten einwirken können.

Außerdem wirst du ein paar Rezepte für Familien finden, in denen kleine Münder zu füttern sind – und wir bemühen uns, dies in den Beschreibungen unter den Rezepttiteln hervorzuheben. Wir selbst versuchen, möglichst oft als Familie gemeinsam zu essen, auch wenn es manchmal umständlich ist. Einige unserer Familien-Lieblingsessen haben in dieses Buch gefunden, zum Beispiel unsere Tomaten-Fenchel-Makkaroni-Suppe (Seite 165) und das Süßkartoffel-Kichererbsen-Curry mit Kurkuma (Seite 103).

Hoffentlich spürst du beim Blättern durch diese Seiten, wie viel Spaß uns die Arbeit an dem Buch bereitet hat. Aus mehreren Gründen haben wir in den letzten Jahren ausgiebig über die Dinge nachgedacht, die uns am wichtigsten sind. Ständig werden wir daran erinnert, was für eine bedeutsame Rolle das Essen in unseren gemeinsamen Erfahrungen spielt, und genau deswegen finden wir darin so viel Freude.

Esskultur – ob man zu Hause um einen Esstisch sitzt, beim Lieblings-Take-away etwas bestellt oder die Welt bereist, um neue Küchen kennenzulernen – bringt Menschen in einer Art und Weise zusammen, die sich heute so kostbar anfühlt wie lange nicht mehr.

Bei jeder Gelegenheit, von den Rezepten und Fotografien bis zum Layout dieser Seiten, haben wir versucht, dieses Gefühl der Freude und Erfüllung mit einfließen zu lassen, sosehr es uns möglich war. Denn wir hoffen, dass das Buch dir bei solchen in Gemeinschaft erlebten Momenten nutzen wird. Es gibt nichts Wichtigeres als diese Zeiten.

Wenn wir anderen dieses Buch beschreiben, sagen wir oft, es feiere veganes Essen. Genauer gesagt könnte man vermutlich sagen, es feiert unsere Version von veganem Essen: herrlich nahrhaft, höllisch lecker und – du kannst es dir denken – supereasy.

Ganz herzlich grüßen dich,

ROXY UND BEN

FILIPPO

WORAUF DU ACHTEN SOLLTEST

Du wirst im Buch auf die Hinweise am Seitenende stoßen. Wir kennzeichnen damit Rezepte, die eine gute Proteinquelle, glutenfrei oder tiefkühlgeeignet sind oder in nur einem einzigen Kochgerät zubereitet werden. Die Tags sollen dir helfen, die Kapitel schnell zu überfliegen und Mahlzeiten zu finden, die deinen Bedürfnissen entsprechen.

In unseren Rezepten werden viele gesunde Nahrungsmittel verwendet. Das bedeutet entweder, dass sie schon glutenfrei sind, oder dass sie mit einer oder zwei kleinen Anpassungen schnell glutenfrei sein können. Und wir erklären, wie das geht. Entsprechend können Bestandteile eines Gerichtes tiefkühlgeeignet sein oder nicht und daher erläutern wir, wo es notwendig ist, was du einfrieren kannst.

Für Gerichte mit der Kennzeichnung »1 Kochgerät« wird nur ein einziges Utensil zum Kochen oder Backen verwendet. In der Vorbereitung können dabei auch mehrere Schüsseln oder ein Mixer zum Einsatz kommen, aber wichtig ist, dass alles in nur einem Gefäß oder auf einem Blech gegart wird.

Wenn du die Nährwertinformation für ein Rezept erfahren möchtest (zum Beispiel den Proteingehalt oder die Kalorien pro Portion), schau hinten ins Buch. Dort findest du eine Tabelle, in der all dies detailliert für dich aufgelistet ist.

Wir sind seit acht Jahren vegan, das heißt, wir haben uns gründlich und wahrhaftig zum Tofu und seinen Möglichkeiten bekehrt. Du wirst diese unterschätzte Zutat in Nudelgerichten, Currys und sogar auf Toast entdecken. Wir verwenden fast immer extrafesten Tofu, der nicht gepresst werden muss, und verkürzen dadurch die Vorbereitungszeit. Bei den meisten extrafesten Sorten muss der Tofublock lediglich abtropfen, doch wenn dein Tofu weich und vollgesogen ist, musst du ihn 10 bis 20 Minuten unter einem schweren Gegenstand auspressen oder bis das meiste Wasser ausgetreten ist.

Vegane Joghurts und Sahne sind in den letzten Jahren sehr weit gekommen. Mittlerweile stehen einige Marken zur Auswahl, aber es ist nützlich, wenn man weiß, welche Ausführungen beim Nachkochen unserer Rezepte am besten sind. Generell lautet die Faustregel: Joghurt und Sahne auf Haferbasis sind normalerweise nicht so süß wie Versionen auf Sojabasis. Im Ergebnis finden wir, dass sie unseren Gerichten ein ausgewogeneres Aroma verleihen, und nehmen unsere bevorzugte Wahl (Hafer oder Soja) jedes Mal als Vorschlag auf, wenn sie in unseren Rezepten auftauchen.

Sofern dein Budget es erlaubt, möchtest du vielleicht für einige qualitativ hochwertige Zutaten, die in diesem Buch häufig verwendet werden und die Gerichte wahrhaftig aufwerten, etwas mehr ausgeben. Es wurde schon viel über die Verwendung von hochwertigem Salz und Pfeffer gesagt und welch großen Unterschied dies bewirkt. Wir nehmen am liebsten Meersalz und schwarzen Pfeffer frisch aus der Mühle.

Wenn wir mit Olivenöl kochen, verwenden wir eine raffinierte Version, die einen höheren Rauchpunkt hat, also nicht so schnell anbrennt. Wenn wir jedoch am Ende des Kochvorgangs Olivenöl hinzugeben, zum Beispiel in einem Salatdressing oder zum Beträufeln von Pasta, nehmen wir sehr gerne natives Olivenöl. Es ist nicht raffiniert und das Öl bewahrt viele feine Aromen, die ein Gericht komplett verwandeln können.

Doch wie bei all diesen Vorschlägen empfehlen wir zu verwenden, was du schon in der Küche hast und was dein Budget nicht sprengt.

magimix

Maldon
magimix
magimix

HÖCHSTENS 15 MINUTEN

TOMATEN-BUTTERBOHNEN-SALAT MIT SUMACH

Sumach ist ein ungeheuer vielseitiges Gewürz mit zitrusartigem Aroma, und wenn wir es nicht in Salatdressings geben, verwenden wir es bei geröstetem Gemüse oder streuen es auf warme Fladenbrote. Falls du keine Fleischtomaten findest, gehen auch andere Tomaten – achte nur darauf, dass sie sehr reif sind. Dieser Salat ist fantastisch sowohl allein als leichte Mahlzeit oder als Bestandteil eines großen Essens.

EQUIPMENT: **GROẞE SCHÜSSEL** / **BACKBLECH**

FÜR **3–4 PORTIONEN** / VORBEREITUNG: **5 MINUTEN** / KOCHZEIT: **10 MINUTEN**

200 g Krustenbrot, gewürfelt
Olivenöl
Salz und Pfeffer
3 Datteln, ohne Kern, gehackt
1 EL Balsamicoessig
2 TL Sumach
3 Fleischtomaten (750 g), in dünne Scheiben geschnitten
2 Schalotten, abgezogen, in dünne Ringe geschnitten
1 Dose à 400 g Butterbohnen, abgegossen und abgespült
1 große Handvoll frische Minze (20 g), Blätter gezupft, sowie etwas mehr als Topping

1 Den Ofen auf 200 °C Ober-/Unterhitze (Umluft: 180 °C, Gas: Stufe 6) vorheizen. Die Brotwürfel mit einem Spritzer Olivenöl und je etwas Salz und Pfeffer in eine große Schüssel geben. Vermengen, dann auf ein Backblech geben und 10 Minuten backen oder bis sie goldbraun sind.

2 In derselben Schüssel 4 EL Olivenöl mit den Datteln, dem Essig und 1½ TL Sumach vermischen. Tomaten, Schalotten und Bohnen hinzugeben, dann die Minzeblätter klein zupfen und mit dem gebackenen Brot ebenfalls in die Schüssel geben. Den Salat behutsam mit den Fingern vermengen.

3 Auf einem großen Teller servieren und den restlichen ½ TL Sumach sowie ein paar zusätzliche Minzeblätter darauf verteilen.

GLUTENFREI (GLUTENFREIES BROT VERWENDEN)

1 KOCHGERÄT

CURRY MIT ZITRONENGRAS UND KOKOS

Dies ist unser Lieblingscurry, wenn wir in den wärmeren Jahreszeiten ein etwas leichteres Gericht möchten. Wer keine Küchenmaschine oder keinen Mixer hat, kann Mörser und Stößel verwenden oder die Zutaten einfach so fein wie möglich hacken. Spare nicht an den frischen Kräutern, denn sie geben diesem Gericht viele Aromen.

EQUIPMENT: **MIXER ODER KÜCHENMASCHINE** / **WOK ODER BRATPFANNE** / **TOPF**
FÜR **3 PORTIONEN** / VORBEREITUNG: **10 MINUTEN** / KOCHZEIT: **5 MINUTEN**

5 Knoblauchzehen, gehäutet
1 Daumenlänge frischer Ingwer (30 g), geschält
3 Stängel Zitronengras, ohne äußere Blätter, grob zerkleinert
2 grüne Chilischoten
1 große Handvoll frisches Thai-Basilikum oder gewöhnliches Basilikum (20 g) sowie etwas mehr zum Garnieren
1 Bund frischer Koriander (30 g) sowie Koriander zum Garnieren
½ TL gemahlener Kreuzkümmel
2 Dosen Kokosmilch à 400 ml
Pflanzenöl
Salz und Pfeffer
160 g Reisnudeln
150 g Zuckerschoten
1 Karotte, geschält, in lange Streifen geschnitten

1 Für die grüne Paste Knoblauch, Ingwer, Zitronengras, 1 Chilischote (wer nicht gern scharf isst: ohne Kerne), Basilikum, Koriander und Kreuzkümmel mit 4 EL Kokosmilch in einen Hochgeschwindigkeitsmixer oder eine Küchenmaschine geben und zu einer glatten Masse verarbeiten.

2 Einen Wok oder eine Bratpfanne auf hoher Stufe aufsetzen und etwas Öl darin erhitzen. Die grüne Paste hineingeben und 1 Minute braten, dann die restliche Kokosmilch zugießen und ein paar Minuten erwärmen, bis alles heiß ist. Kosten und nach Belieben großzügig mit Salz und Pfeffer abschmecken.

3 Inzwischen die Nudeln nach Packungsanweisung al dente kochen. Abgießen.

4 Zuckerschoten und Karottenstreifen in den Wok geben und 30 Sekunden kochen. Nun die Nudeln in Schüsseln füllen und das Curry darübergießen. Zum Schluss die zweite grüne Chilischote in Ringe schneiden und mit etwas Koriander und Basilikumblättern auf das Curry streuen.

TIEFKÜHLGEEIGNET (OHNE NUDELN)
GLUTENFREI (GLUTENFREIE NUDELN VERWENDEN)

CREMIGER AVOCADOSALAT

Dieser herrliche Salat ist geschmacklich eine Wucht. Mit Paprika gewürzte Croûtons, ein säuerlich-cremiges Dressing und Avocado kommen zu einem wirklich sättigenden Gericht zusammen. Wir finden, es kann ebenso gut ein Mittagessen wie ein leichtes Abendessen sein.

EQUIPMENT: **KLEINE SCHÜSSEL** / **OFENPFANNE** / **MIXER**
FÜR **4 PORTIONEN** / VORBEREITUNG: **10 MINUTEN** / BACKZEIT: **5 MINUTEN**

- 70 g Cashewkerne
- 2 Scheiben Krustenbrot, gewürfelt
- Olivenöl
- 1 TL Paprikapulver
- Salz und Pfeffer
- 3 EL gemischte Saaten (wir nehmen Kürbiskerne und Sonnenblumenkerne)
- 1 kleiner Romanasalat, Blätter abgelöst
- 2 Avocados, geschält und geviertelt
- Saft von ½ Zitrone
- 1 Knoblauchzehe, abgezogen
- 1 TL Dijonsenf
- 1 EL Kapern sowie 1 EL Kapernflüssigkeit
- 120 ml pflanzliche Milch (wir nehmen Hafermilch)

1 Den Ofen auf 220 °C Ober-/Unterhitze (Umluft: 200 °C, Gas: Stufe 7) vorheizen. Cashewkerne in eine kleine Schüssel geben und mit heißem Wasser direkt aus dem Kocher übergießen. Einweichen lassen, während die nächsten Schritte ausgeführt werden.

2 In einer Ofenpfanne das gewürfelte Brot auf einer Seite platzieren und mit einem Spritzer Olivenöl, dem Paprikapulver und je etwas Salz und Pfeffer vermengen. Die Saaten in die andere Seite der Ofenpfanne geben und 5–10 Minuten rösten oder bis das Brot eine goldene Farbe hat.

3 Inzwischen Salatblätter und Avocados auf einem großen Servierteller arrangieren.

4 Cashewkerne abgießen und mit Zitronensaft, Knoblauch, Senf, Kapern, Kapernflüssigkeit und pflanzlicher Milch in einen Mixer geben. Zu einer glatten Masse pürieren, dann dieses Dressing über Salatblätter und Avocados träufeln. Geröstete Saaten und Brotwürfel aus dem Ofen dazugeben und nochmals mit etwas Salz bestreuen.

GLUTENFREI (GLUTENFREIES BROT VERWENDEN)
1 KOCHGERÄT

GNOCCHI MIT CREMIGEM PESTO ROSSO

»Rosso« heißt ganz einfach »rot« und passt sehr gut als Beschreibung für dieses anregende Gericht, das vom sizilianischen Pesto alla Trapanese inspiriert ist. Unsere Version sieht sonnengetrocknete Tomaten und geröstete rote Paprikaschoten für eine vollmundige und wohltuende Gnocchi-Soße vor.

EQUIPMENT: **KÜCHENMASCHINE ODER MIXER** / **BRATPFANNE** / **KOCHTOPF**

FÜR **4 PORTIONEN** / VORBEREITUNG: **5 MINUTEN** / KOCHZEIT: **10 MINUTEN**

- 40 g blanchierte Mandeln
- 1 frischer Zweig Rosmarin, Nadeln abgezupft
- 60 g sonnengetrocknete Tomaten in Öl sowie 3 EL Öl aus dem Glas
- 300 g geröstete Paprikaschoten aus dem Glas, abgetropft
- 2 Knoblauchzehen, abgezogen
- Salz und Pfeffer
- 80 ml vegane Sahne (wir verwenden Hafersahne)
- 600 g vegane Gnocchi
- veganer Parmesankäse, gerieben, zum Servieren (optional)

1 Mandeln, Rosmarinnadeln und sonnengetrocknete Tomaten zusammen mit dem Öl aus dem Glas in eine Küchenmaschine oder einen Mixer geben. Geröstete Paprikaschoten, Knoblauch und großzügig Salz und Pfeffer hinzufügen. Die Sahne nach und nach in kleinen Portionen hinzugeben und weiter zu einer glatten Masse verarbeiten (wird ein Mixer verwendet, muss eventuell mehr Sahne hinzugegeben werden, damit die Soße sich gut pürieren lässt).

2 Eine Bratpfanne auf niedriger Stufe aufsetzen und die rote Soße hineingießen.

3 Inzwischen die Gnocchi in einem großen Topf laut Packungsanweisung zubereiten. Wenn sie an die Oberfläche gestiegen sind, direkt in die Pfanne mit der Soße schöpfen und falls nötig einen Spritzer Kochwasser hinzugeben, um die Soße zu verdünnen. Alles verrühren.

4 Mit einer Extraprise Pfeffer abrunden und falls gewünscht mit veganem Parmesan servieren.

GLUTENFREI (GLUTENFREIE GNOCCHI VERWENDEN)

»RÜHREI« AUS VEGANER 'NDUJA-PASTE UND TOFU

Bens vegane 'Nduja-Paste ist in unserem Haushalt berühmt. In nicht-veganen Kreisen ist 'Nduja eine scharfe Streichwurst aus Schweinefleisch. In unserer Welt besteht sie aus Miso und sonnengetrockneten Tomaten und wir verwenden sie für Pasta, Pizzen oder – wie hier – für unser Seidentofu-»Rührei« bei einem Brunch mit allem Drumherum. Wenn du eine große Portion zubereiten möchtest, kannst du die 'Nduja-Paste in einem luftdichten Behälter bis zu 5 Tage im Kühlschrank aufbewahren.

EQUIPMENT: **BRATPFANNE** / **SCHÜSSEL**
FÜR **2 PORTIONEN** / VORBEREITUNG: **10 MINUTEN** / KOCHZEIT: **5 MINUTEN**

450 g Seidentofu
½ TL gemahlene Kurkuma
Salz und Pfeffer
4 Scheiben Krustenbrot
1 kleine Handvoll frische Petersilie (10 g), Blätter abgezupft

FÜR DIE 'NDUJA-PASTE
30 g sonnengetrocknete Tomaten in Öl, abgetropft und fein gehackt, sowie etwas Öl aus dem Glas
1 Knoblauchzehe, abgezogen und fein gehackt
½ rote Chilischote, fein gehackt
1 TL Rauchpaprikapulver
½ EL Rotweinessig
2 TL Misopaste (wir nehmen weißes Miso)

1 Eine Bratpfanne auf mittlerer bis hoher Stufe aufsetzen und etwas Öl aus dem Glas der sonnengetrockneten Tomaten hineingeben. Den Tofu zwischen die Finger nehmen und direkt in die Pfanne krümeln, dann Kurkuma und großzügig Salz und Pfeffer hinzufügen. 5–10 Minuten braten oder bis alles heiß ist und sich gut verbunden hat; den Tofu beim Umrühren mit dem Rücken eines Holzlöffels zerkleinern.

2 Für die Paste die sonnengetrockneten Tomaten, Knoblauch und Chilischote (wer nicht gerne scharf isst: ohne Kerne) in eine Schüssel geben und Rauchpaprikapulver, Essig, Misopaste und einen Spritzer Öl aus dem Tomatenglas hinzugeben. Umrühren, bis sich alles zu einer flüssigen Paste verbunden hat.

3 Das Brot rösten und auf Tellern mit dem Tofu-»Rührei« servieren. 'Nduja und Petersilienblätter daraufgeben.

GLUTENFREI (GLUTENFREIES BROT VERWENDEN)
PROTEINREICH
1 KOCHGERÄT

ASIATISCHE NUDELN MIT WEIẞKOHL UND TAHINI

Wir versuchen, die Nudeln aufzubrauchen, die wir gerade im Schrank haben: Vollkorn, Soba oder Udon sind alle geeignet. Dieses schnelle Gericht ist perfekt als Abendessen unter der Woche, wenn man sich Zeit freischaufeln muss. Manchmal geben wir als zusätzliche Proteine separat gebratenen Tofu hinzu.

EQUIPMENT: **BRATPFANNE ODER WOK** / **KOCHTOPF** / **KLEINE SCHÜSSEL**
FÜR **3–4 PORTIONEN** / VORBEREITUNG: **5 MINUTEN** / KOCHZEIT: **8 MINUTEN**

Sesamöl
500 g Weißkohl, in feine Streifen geschnitten
2 große Karotten, gestiftelt
4 Knoblauchzehen, abgezogen und in dünne Scheiben geschnitten
150 g Weizennudeln
Saft von 1½ Limetten
3 EL dunkle Sojasoße
4 EL Tahini
1 EL Ahornsirup
3 Frühlingszwiebeln, längs in Streifen geschnitten

1 Eine Bratpfanne oder einen Wok auf hoher Stufe aufsetzen und einen großzügigen Spritzer Sesamöl erhitzen. Weißkohl und Karotten hineingeben und 3 Minuten braten, dann Knoblauch hinzufügen und 2 Minuten braten.

2 Inzwischen die Nudeln gemäß Packungsanweisung kochen und 1 Minute vor Ende der Kochzeit abgießen. Etwas Kochwasser aufbewahren.

3 In einer kleinen Schüssel Limettensaft, Sojasoße, Tahini und Ahornsirup mit 2 EL Nudel-Kochwasser zu einer glatten Soße verrühren (falls das Tahini sehr dickflüssig ist, wird eventuell mehr Wasser benötigt).

4 Die gekochten Nudeln direkt in die Bratpfanne geben. Tahini-Soße und Frühlingszwiebeln hinzugeben. Verrühren und mit einem Extraspritzer Sesamöl servieren.

GLUTENFREI (GLUTENFREIE NUDELN UND TAMARI-SOJASOẞE VERWENDEN)

SALAT AUS GRÜNKOHL UND ORANGEN
MIT INGWERDRESSING

Wir machen unsere Dressings unheimlich gern mit frischem Ingwer. Er gibt diesem fruchtigen Grünkohlsalat, den wir entweder als leichte Mahlzeit oder als Bestandteil eines großen Essens genießen, ordentlich Pep. Nicht vergessen: Die Strünke, die übrig bleiben, kannst du auch in deinem Morgensmoothie verarbeiten.

EQUIPMENT: **GROßE SCHÜSSEL** / **BRATPFANNE** / **KLEINE SCHÜSSEL**
FÜR **4 PORTIONEN** / VORBEREITUNG: **10 MINUTEN** / KOCHZEIT: **5 MINUTEN**

350 g Grünkohl ohne Strünke, Blätter gehackt
2 EL Apfelessig
1½ TL Sesamöl sowie etwas mehr extra
Salz
120 g Pekannüsse, grob gehackt
120 g Rosinen
½ rote Zwiebel, abgezogen und in dünne Streifen geschnitten
5 große Orangen
1 Daumenlänge frischer Ingwer (30 g), geschält und fein gerieben
1 EL Ahornsirup
Pfeffer

1 Die gehackten Kohlblätter in eine große Schüssel geben und 1 EL Apfelessig, ½ TL Sesamöl und 1 Prise Salz hinzufügen. Den Kohl 2 Minuten massieren, bis er weich ist und sein Volumen sich verringert hat.

2 Eine Bratpfanne auf mittlerer Stufe aufsetzen und die Pekannüsse ein paar Minuten rösten, bis sie duften. Nun mit den Rosinen und der Zwiebel zum Grünkohl geben. 3 Orangen schälen und in Scheiben schneiden und ebenfalls hinzufügen.

3 Die beiden restlichen Orangen halbieren und den Saft direkt in eine kleine Schüssel auspressen (es müssten etwa 100 ml Saft sein). Dann Ingwer, Ahornsirup, den restlichen EL Apfelessig, je etwas Salz und Pfeffer und den restlichen TL Sesamöl hinzugeben. Gut umrühren. Das Dressing auf dem Salat verteilen, behutsam mit den Händen vermengen und auf einem großen Teller servieren.

GLUTENFREI
1 KOCHGERÄT

FEURIGE PFEFFERPFANNE

Wir sind geradezu besessen von frisch gemahlenem schwarzem Pfeffer in unseren pfannengerührten Gerichten. Er ist eine Grundzutat, die ein herrlich feuriges Aroma entfacht. Die meisten extrafesten Tofusorten muss man nicht ausdrücken, sollte deiner aber etwas weich sein, empfehlen wir, zunächst möglichst viel Wasser herauszupressen.

EQUIPMENT: **KOCHTOPF** / **BESCHICHTETER WOK ODER BESCHICHTETE BRATPFANNE**
FÜR **2 PORTIONEN** / VORBEREITUNG: **3 MINUTEN** / KOCHZEIT: **12 MINUTEN**

160 g Jasminreis
2 EL Maismehl
300 g extrafester Tofu, abgetropft
Sesamöl
3 Knoblauchzehen, abgezogen und fein gehackt
½ rote Chilischote, in Ringe geschnitten
1 EL helle Sojasoße
2 EL Hoisinsoße
2 Frühlingszwiebeln, schräg in lange Stücke geschnitten
½ TL schwarzer Pfeffer aus der Mühle
2 Köpfe Pak Choi, längs halbiert

1 Den Jasminreis gemäß Packungsanweisung kochen. Das Maismehl auf einen Teller geben, den Tofu in mundgerechte Stücke schneiden und in Maismehl wälzen.

2 Einen beschichteten Wok oder eine beschichtete Pfanne auf mittlerer bis hoher Stufe aufsetzen, einen Schuss Sesamöl hineingeben und den Tofu 10 Minuten braten, bis er auf allen Seiten eine goldene Farbe hat und knusprig ist.

3 Noch etwas Sesamöl in die Pfanne geben. Knoblauch und Chilischote hinzufügen und 1 Minute braten. Sojasoße, Hoisinsoße, Frühlingszwiebeln, schwarzen Pfeffer und Pak Choi sowie 4 EL Wasser hinzufügen. Umrühren und 1–2 Minuten köcheln lassen oder bis die Soße etwas dick geworden ist. Mit dem Jasminreis servieren.

GLUTENFREI (TAMARI-SOJASOSSE VERWENDEN)
PROTEINREICH

SAUTIERTE ZUCCHINI

MIT TOMATEN-BULGUR UND SUMACHSALZ

Weizenbulgur ist im Nahen Osten ein Grundnahrungsmittel. Er wird aus dem ganzen Korn hergestellt – erst blanchiert und dann zerstoßen – und ist daher ballaststoffreich. Wir verwenden ihn immer als »Füllmaterial« für unsere Gerichte. Du kannst ihn durch Reis ersetzen, falls dir das lieber ist (vergiss dann aber nicht, weniger Wasser zu verwenden und den Reis mit aufgelegtem Deckel zu kochen). Damit wird dieses Rezept zudem glutenfrei.

EQUIPMENT: **KOCHTOPF** / **GROẞE BRATPFANNE** / **2 KLEINE SCHÜSSELN**
FÜR **4 PORTIONEN** / VORBEREITUNG: **4 MINUTEN** / KOCHZEIT: **11 MINUTEN**

- Olivenöl
- 2 TL Koriandersamen
- 2 EL Tomatenmark
- 300 g Weizenbulgur
- 2 Knoblauchzehen, mit Schale
- Salz und Pfeffer
- 2 Zucchini, in 1 cm breite Scheiben geschnitten
- 1 EL Sumach
- 200 g veganer Joghurt (wir nehmen Haferjoghurt griechische Art)
- 1 Handvoll frische Petersilie (15 g), grob gehackt
- ½ Zitrone, in 6 Spalten geschnitten

1 Einen Topf auf mittlerer Stufe aufsetzen und 1 TL Olivenöl hineingeben. Koriandersamen hinzufügen und 1 Minute braten oder bis sie ein dunkleres Braun annehmen. Hitze verringern und Tomatenmark, Bulgur, die ungeschälten Knoblauchzehen, 600 ml heißes Wasser direkt aus dem Kocher sowie je ein wenig Salz und Pfeffer einrühren. 5 Minuten sanft köcheln lassen, dann vom Herd nehmen. Deckel auflegen, ein Geschirrtuch locker darüberbreiten und weitere 5 Minuten dampfgaren lassen.

2 Inzwischen eine große Bratpfanne auf mittlerer bis hoher Stufe aufsetzen und 1 EL Olivenöl hineingeben. Zucchini mit je etwas Salz und Pfeffer hineingeben und 8 Minuten braten oder bis sie von beiden Seiten eine goldene Farbe haben und leicht angeröstet sind.

3 Sumach mit ½ TL Salz in einer kleinen Schale vermischen, dann beiseitestellen. Wenn der Bulgur fertig ist, die Knoblauchzehen herausnehmen und die Schalen abziehen. Den Knoblauch fein hacken und mit Joghurt und fast der gesamten Petersilie in eine separate kleine Schale geben. Den Saft von 2 Zitronenspalten in die Joghurtschale pressen und gründlich umrühren.

4 Zum Servieren den Bulgur auf Tellern mit Knoblauchjoghurt und Zucchinischeiben anrichten. Sumachsalz und restliche Petersilie darüberstreuen und die übrigen Zitronenspalten über dem Ganzen auspressen.

GLUTENFREI
(BULGUR DURCH REIS ERSETZEN)

MEXIKANISCHE LINSEN-BOWL
MIT JALAPEÑO-DRESSING

So muss die schnelle Küche sein: Eine nahrhafte Bowl mit aromatischen Linsen, einer scharfen Salsa und Kokosjoghurt, die in weniger als 15 Minuten fertig ist. Wir verwenden eine fertige Fajita-Gewürzmischung, doch wenn es dir lieber ist, kannst du dir aus gemahlenem Kreuzkümmel, gemahlenem Koriander, Rauchpaprika-, Zwiebel- und Chilipulver deine Mischung selbst zusammenstellen – einfach kosten und die Mengen nach dem eigenen Geschmack anpassen!

EQUIPMENT: **BRATPFANNE** / **KLEINE SCHÜSSEL**

FÜR **4 PORTIONEN** / VORBEREITUNG: **5 MINUTEN** / KOCHZEIT: **8 MINUTEN**

- Olivenöl
- 4 Knoblauchzehen, abgezogen und in Scheiben geschnitten
- 500 g Puy-Linsen (oder andere grüne Linsen) aus der Dose
- 2 EL Fajita-Gewürzmischung
- ½ EL getrockneter Oregano
- 160 g Mais, tiefgekühlt
- Salz und Pfeffer
- 100 g junger Spinat
- 2 EL Jalapeño-Scheiben aus dem Glas, fein gehackt
- 1 Bund frischer Koriander (30 g), fein gehackt
- Saft von 1 Limette
- 2 Avocados, geschält, in Scheiben geschnitten
- 4 Kleckse veganer Joghurt (wir nehmen Kokosjoghurt)

1 Eine Bratpfanne auf mittlerer bis hoher Stufe aufsetzen und einen großzügigen Schuss Olivenöl darin erhitzen. Den Knoblauch 2 Minuten im heißen Öl braten, dann Linsen, Fajita-Gewürzmischung, Oregano, Mais, großzügig Salz und Pfeffer sowie 120 ml Wasser hinzufügen. 3 Minuten garen, dann den Spinat mit einem Spritzer Wasser dazugeben. Weitere 3–5 Minuten braten oder bis der Spinat zusammenfällt.

2 Jalapeños und Koriander mit Limettensaft, 2 EL Olivenöl und etwas Salz und Pfeffer in eine kleine Schüssel geben und miteinander verrühren.

3 Das Linsengemisch in Bowls servieren, mit den Avocadoscheiben belegen, je einen Klecks Joghurt hinzugeben und mit einem Spritzer der Jalapeño-Salsa abrunden.

GLUTENFREI
1 KOCHGERÄT

ROTE-BETE-BURGER MIT DOPPELT KÄSE

Gekochte Rote Bete und Kichererbsen sind die Grundlage dieser supereinfachen veganen Pattys. Sie besitzen sowohl eine wunderbar leichte Textur als auch die wunderbare Wärme der Gewürze. Wenn du eine größere Charge zubereiten möchtest, verdopple oder verdreifache einfach die Mengen und richte die Burger mit deinen liebsten Toppings an (wir haben unsere Favoriten vorgeschlagen).

EQUIPMENT: **SCHÜSSEL** / **KLEINE SCHÜSSEL** / **GROẞE BESCHICHTETE BRATPFANNE**
FÜR **2 PERSONEN** / VORBEREITUNG: **7 MINUTEN** / KOCHZEIT: **8 MINUTEN**

- 200 g Kichererbsen aus der Dose, abgegossen und abgespült
- 250 g gekochte Rote Beten (vakuumverpackt), gerieben
- ½ rote Zwiebel, fein gehackt
- 4 EL Kichererbsenmehl
- ½ TL gemahlener Kreuzkümmel
- ½ TL Rauchpaprikapulver
- Salz und Pfeffer
- Olivenöl
- 4 Scheiben veganer Käse
- 2 Burgerbrötchen
- optionale Toppings:
- Senf, saure Gurken, Salat, Zwiebelringe, vegane Mayonnaise und Ketchup

1 Die Kichererbsen in eine Schüssel geben und zerdrücken, bis sie größtenteils Mus sind. In einer separaten kleinen Schüssel mit den Händen möglichst viel Flüssigkeit aus der geriebenen Roten Bete herauspressen (wenn sehr viel Flüssigkeit da ist, eventuell mit einem sauberen Geschirrtuch auswringen). Dann in die Schüssel mit den zerdrückten Kichererbsen geben und die Flüssigkeit entsorgen.

2 Nun Zwiebel, Kichererbsenmehl und Gewürze hinzugeben. Das Gemisch in 4 Portionen aufteilen und runde, flache Pattys daraus formen (ca. 1½ cm dick).

3 Eine große beschichtete Bratpfanne auf mittlerer Stufe aufsetzen und einen Schuss Olivenöl darin erhitzen. Die Pattys von jeder Seite 4–5 Minuten braten oder bis sie knusprig und leicht angeröstet sind. Etwa 1 Minute vor Ende der Bratzeit jedes Patty mit einer Scheibe Käse belegen und den Deckel auf die Pfanne legen. Braten, bis der Käse weich ist, dann die Burger mit den Lieblingstoppings zusammenfügen.

4 Wir bestreichen normalerweise die untere Hälfte der Brötchen mit etwas Senf. Dann folgen Salatblätter und nach den beiden Pattys Gurkenscheiben, Zwiebelringe, vegane Mayonnaise und Ketchup; den Abschluss bildet die zweite Brötchenhälfte.

TIEFKÜHLGEEIGNET (NUR DIE PATTYS)
GLUTENFREI (GLUTENFREIE BRÖTCHEN VERWENDEN)
PROTEINREICH
1 KOCHGERÄT

MASALA-TOFU UND KARDAMOM-REIS

Kardamom verleiht Speisen ein unglaubliches Aroma und in diesem schnellen und einfachen Gericht geben wir ihn gegen Ende der Kochzeit hinzu, damit er seinen feinen Duft entfaltet. Die Verwendung von Räuchertofu ist ein weiterer schöner Trick, mit dem man diesen herrlichen, frischen Curryreis gehörig aufwertet.

EQUIPMENT: **BESCHICHTETE BRATPFANNE** / **GROßER TOPF**
FÜR **2 PORTIONEN** / VORBEREITUNG: **5 MINUTEN** / KOCHZEIT: **10 MINUTEN**

- Pflanzenöl
- 300 g extrafester Tofu, abgetropft (wir nehmen Räuchertofu)
- 1 TL Garam Masala
- Salz und Pfeffer
- ½ Daumenlänge frischer Ingwer (15 g), geschält, fein gehackt
- 200 g Tiefkühlerbsen
- 250 g Basmatireis, vorgekocht
- 2 Frühlingszwiebeln, in Ringe geschnitten
- ½ Würfel Gemüsebrühe
- 3 Kardamomkapseln, Samen gehackt oder zerstoßen
- Schale und Saft von ½ Zitrone
- 1 Handvoll frische Minze (15 g), Blätter abgezupft

1 Eine beschichtete Bratpfanne auf mittlerer bis hoher Stufe aufsetzen und 1 EL Pflanzenöl erhitzen. Tofu in kleinere Stücke reißen und direkt in die Pfanne geben, dann Garam Masala und je etwas Salz und Pfeffer hinzugeben. 8 Minuten braten oder bis der Tofu kross ist. Ingwer hinzugeben und weitere 2 Minuten braten, dann die Pfanne vom Herd nehmen und beiseitestellen.

2 Inzwischen die Erbsen in einem großen Topf mit kochendem Wasser 2 Minuten kochen, dann abgießen und wieder in den Topf geben. Gekochten Reis und Frühlingszwiebeln hinzufügen. Gemüsebrühwürfel in einem Gefäß mit 100 ml heißem Wasser auflösen, dann mit den zerstoßenen Kardamomsamen in den Topf geben. Umrühren und 1–2 Minuten lang durcherhitzen.

3 Etwas Zitronenschale und -saft sowie den gebratenen Tofu in den Topf mit Reis hinzugeben. Die Minzeblätter zerreißen und hinzugeben, dann alles gründlich umrühren und mit Salz und Pfeffer abschmecken. Auf Tellern anrichten und mit der restlichen Zitronenschale garnieren.

GLUTENFREI
PROTEINREICH

TOMATEN-KICHERERBSEN-CURRY AUF TOAST

Wir kochen supergern mit Gewürzen – und dieses Rezept ist das perfekte Beispiel, warum. Ganze Gewürze in einer Pfanne trocken zu rösten, schafft einen komplexeren und kräftigeren Geschmack, der die Tomaten und die Kichererbsen besonders hervorhebt. Wir genießen dieses vielseitige Gericht oft als Frühstück, zum Mittagessen oder zum Abendessen!

EQUIPMENT: **SCHÜSSEL** / **BRATPFANNE**
FÜR **2 PORTIONEN** / VORBEREITUNG: **5 MINUTEN** / KOCHZEIT: **10 MINUTEN**

- ⅓ Salatgurke, gewürfelt
- ½ rote Zwiebel, abgezogen und fein gehackt
- Saft von 1 Limette
- Salz
- 1 TL Koriandersamen
- 1 TL Kreuzkümmelsamen
- Olivenöl
- 200 g Kirschtomaten
- 2 Knoblauchzehen, abgezogen und in Scheiben geschnitten
- 1 Dose Kichererbsen à 400 g, abgegossen und abgespült
- 2 TL Mangochutney
- ½ TL gemahlene Kurkuma
- Pfeffer
- 4 dicke Brotscheiben

1 Salatgurke, rote Zwiebel, Limettensaft und 1 Prise Salz in eine Schüssel geben. Vermengen, dann für später beiseitestellen.

2 Eine Bratpfanne auf mittlerer Stufe aufsetzen. Sobald sie heiß ist, Koriander- und Kreuzkümmelsamen hineingeben. In der trockenen Pfanne 2–3 Minuten rösten oder bis sie ein dunkleres Braun annehmen, dann auf einen Teller umfüllen.

3 Nun 1 EL Olivenöl in dieselbe Pfanne geben (mittlere Stufe). Tomaten darin 5–6 Minuten braten oder bis sie allmählich etwas angeröstet sind. Knoblauch hinzugeben und 1 Minute braten.

4 Die Hitze verringern, dann die Tomaten mit einem Stampfer langsam zerdrücken – gerade so viel, dass etwas Flüssigkeit austritt (dabei mit dem heißen Saft aufpassen). Die gerösteten Gewürze wieder in die Pfanne geben, ebenso Kichererbsen, Mangochutney, Kurkuma und je etwas Salz und Pfeffer. Umrühren. Nun einen Spritzer Wasser hinzufügen, damit die Soße etwas dünner wird, und 1 Minute durcherhitzen.

5 Das Brot rösten, mit etwas Olivenöl beträufeln und das Tomaten-Kichererbsen-Curry daraufgeben. Mit Gurke und roter Zwiebel abrunden.

GLUTENFREI (GLUTENFREIES BROT VERWENDEN)
1 KOCHGERÄT

PASTASALAT MIT KICHERERBSEN-»THUNFISCH« UND GERÖSTETEM MAIS

Dieser Salat ist eine Hommage an die Thunfischpasta, mit der wir groß geworden sind. Wir verwenden Kichererbsen wegen ihrer Textur, dazu Kapern, frischen Dill und Zitrone mit ihren salzigen und säuerlich-frischen Aromen. Gerösteter Mais macht in diesem Salat den kleinen Unterschied aus: Die rauchigen Kerne spenden diesem frischen, herzhaften Gericht eine köstliche Dimension. Als gesündere Alternative zu veganer Mayonnaise nehmen wir Joghurt.

EQUIPMENT: **KOCHTOPF** / **KLEINE SCHÜSSEL** / **BRATPFANNE** / **SCHÜSSEL**
FÜR **4 PORTIONEN** / VORBEREITUNG: **3 MINUTEN** / KOCHZEIT: **12 MINUTEN**

320 g Pasta (wir nehmen Conchiglie)
½ rote Zwiebel, abgezogen und gehackt
Saft von 1 Zitrone
Salz und Pfeffer
Olivenöl
200 g Tiefkühlmais
1 Dose Kichererbsen à 400 g, abgegossen und abgespült
1 TL Dijonsenf
2 Stangen Staudensellerie, gehackt
1 Handvoll frischer Dill (15 g), grob gehackt
5 EL veganer Joghurt (wir nehmen Haferjoghurt griechische Art)
2 EL Kapern sowie 2 EL Kapernflüssigkeit

1 Die Pasta gemäß Packungsanweisung zubereiten, dann abgießen. Zum Abkühlen unter kaltem fließendem Wasser abspülen und beiseitestellen. In einer kleinen Schüssel rote Zwiebel, die Hälfte des Zitronensafts sowie je 1 Prise Salz und Pfeffer miteinander verrühren und ebenfalls beiseitestellen.

2 Eine Bratpfanne auf mittlerer Stufe aufsetzen und 2 TL Olivenöl erhitzen. Mais hineingeben und 8–10 Minuten braten oder bis er schön angeröstet ist. Achtung – ein paar Kerne könnten beim Erhitzen aus der Pfanne hüpfen.

3 Kichererbsen in eine Schüssel geben. Zerdrücken, bis fast alle Kichererbsen zu Mus geworden sind, dann Senf, Sellerie, Dill, Joghurt, Kapern und Kapernflüssigkeit hinzufügen. Umrühren. Gekochte Pasta, rote Zwiebel, restlichen Zitronensaft und gerösteten Mais hinzugeben. Alles gründlich miteinander vermengen und mit Salz und Pfeffer abschmecken.

4 Zum Servieren Olivenöl und schwarzen Pfeffer extra darübergeben.

GLUTENFREI
(GLUTENFREIE PASTA VERWENDEN)

NUSSIGER SUPERFOOD-SALAT

Ideal zur Verwertung von Resten: Wenn du verschiedene gekochte Getreidesorten oder Reis vom Vortag übrig hast, bereite daraus schnell eine gesunde Mittags- oder Abendmahlzeit zu, so wie diesen Superfood-Salat: Wir geben Reis und Quinoa zu Edamame und Brokkoli und als Topping kommen geröstete Nüsse und ein Tahini-Dressing darüber. Einfach und lecker.

EQUIPMENT: **KOCHTOPF** / **GROSSE SCHÜSSEL** / **BRATPFANNE** / **KLEINE SCHÜSSEL**
FÜR **4 PORTIONEN** / VORBEREITUNG: **6 MINUTEN** / KOCHZEIT: **9 MINUTEN**

200 g Tiefkühl-Edamame
Olivenöl
300 g Spargelbrokkoli
Salz und Pfeffer
500 g gemischtes Getreide oder Reis, vorgekocht (wir nehmen roten Reis und Quinoa)
1 Handvoll frischer Koriander (15 g), grob gehackt
100 g gemischte Nüsse, grob gehackt (wir nehmen Pistazien und Mandeln)
1 EL helle Sojasoße
Saft von 1 Limette
3 EL Tahini
1½ EL Ahornsirup

1 Edamame in einen Topf mit kochendem Wasser geben und 3–4 Minuten al dente kochen, abgießen und in eine große Schüssel füllen. Eine Bratpfanne auf mittlerer bis hoher Stufe aufsetzen und 1 Spritzer Öl darin erhitzen. Große Spargelbrokkoli längs halbieren, dann den gesamten Brokkoli in die Pfanne geben. Großzügig mit Salz und Pfeffer bestreuen und 4 Minuten braten oder bis er weich ist. Brokkoli in die Schüssel mit den Edamame geben, das gekochte gemischte Getreide und den Koriander hinzufügen und vermengen.

2 Die Pfanne auswischen und die Nüsse 2–3 Minuten goldfarben rösten. Auf einem Teller beiseitestellen. Für das Dressing Sojasoße, Limettensaft, Tahini und Ahornsirup in einer kleinen Schüssel miteinander verrühren. Löffelweise Wasser hinzugeben, bis das Dressing geschmeidig und flüssig ist. Kosten und mit Ahornsirup abschmecken.

3 Den Salat auf einen Servierteller füllen. Geröstete Nüsse daraufgeben, mit etwas Dressing beträufeln und das restliche Dressing separat dazu reichen.

GLUTENFREI (TAMARI- SOJASOSSE VERWENDEN)
PROTEINREICH

GERÖSTETER WIRSINGKOHL MIT ZA'ATAR
UND LINSEN-TABOULÉ

Wir schwärmen immer wieder von Za'atar, einer säuerlichen und kräuterigen Gewürzmischung aus dem Nahen Osten. In letzter Zeit verwenden wir es fast ausschließlich am Ende des Kochprozesses und streuen es auf Gemüse, Salate und Brote. Mittlerweile findest du Za'atar in den meisten großen Supermärkten.

EQUIPMENT: **GROßE BRATPFANNE** / **KOCHTOPF** / **SCHÜSSEL**
FÜR **4 PERSONEN** / VORBEREITUNG: **8 MINUTEN** / KOCHZEIT: **6 MINUTEN**

- 1 Wirsingkohl
- 2 EL vegane Butter oder Margarine
- 500 g Puy-Linsen (oder andere grüne Linsen) aus der Dose
- 200 g Kirschtomaten, halbiert
- 1 Bund frische Blattpetersilie (30 g), grob gehackt
- 1 Bund frische Minze (30 g), grob gehackt
- Saft von 1 Zitrone
- Olivenöl
- Salz und Pfeffer
- 2 EL Za'atar-Gewürzmischung
- 300 g veganer Joghurt (wir nehmen Haferjoghurt griechische Art)

1 Vom Wirsingkohl 1 oder 2 äußere Blätter entfernen und den Kohl durch die Mitte in 8 Spalten schneiden – das Herz intakt lassen, sodass die Spalten nicht auseinanderfallen. Eine große Bratpfanne auf mittlerer bis hoher Hitze aufsetzen und vegane Butter hineingeben. Sobald sie geschmolzen ist, die Kohlspalten hineingeben und 3–4 Minuten braten oder bis sie angeröstet sind. Die Spalten vorsichtig wenden und von der anderen Seite anrösten. Falls notwendig, die Spalten in 2 Pfannen oder portionsweise braten (falls erforderlich, mehr Butter hineingeben).

2 Inzwischen die Linsen mit einem Schuss Wasser in einen Topf geben und auf mittlerer Stufe 2–3 Minuten durcherhitzen. In eine Schüssel umfüllen. Tomaten, Petersilie, Minze, Zitronensaft, 3 EL Olivenöl und großzügig Salz und Pfeffer hinzufügen. Vermengen und beiseitestellen.

3 Die Wirsingkohlspalten auf ein Schneidebrett legen, sobald sie schön angeröstet sind. Mit 1½ EL Za'atar bestreuen und die Spalten vorsichtig (damit sie nicht zu sehr zerfallen) wenden und ganz mit dem Gewürz überziehen.

4 Zum Servieren den Joghurt auf die Teller verteilen. Linsen-Taboulé und den gerösteten Kohl sowie das Za'atar vom Boden der Schüssel daraufgeben. Mit dem restlichen Za'atar bestreuen und zum Abschluss mit etwas Olivenöl beträufeln.

GLUTENFREI
PROTEINREICH

UNSER LIEBLINGS-LO-MEIN

Die Soße für dieses Lo Mein (alias pfannengerührte Nudeln) ist unsere Standardsoße für leckere und schnelle Nudeln. Praktisch alles andere kann variieren, zum Beispiel das Gemüse oder frittierter Tofu. Wir nehmen meistens normale dünne Weizennudeln, aber dickere (Udon) oder Buchweizennudeln (Soba) eignen sich auch richtig gut. Achte darauf, dass kompakteres Gemüse dünn genug geschnitten ist, damit alles gleichmäßig gart.

EQUIPMENT: **WOK ODER BRATPFANNE** / **KOCHTOPF**
FÜR **2 PERSONEN** / VORBEREITUNG: **5 MINUTEN** / KOCHZEIT: **9 MINUTEN**

- 50 g Cashewkerne
- 160 g Weizennudeln (asiatisch)
- 3 Frühlingszwiebeln
- 200 g knackiges Gemüse (wir nehmen Zuckerschoten, Maiskölbchen und Karotten)
- 1½ TL Sesamöl
- ½ Daumenlänge frischer Ingwer (15 g), geschält und fein gehackt
- 1 EL dunkle Sojasoße
- 1 EL helle Sojasoße
- 1 EL Ahornsirup
- 1 TL Reiswein (wir verwenden Shaoxing-Wein oder Mirin)

1 Wok oder Bratpfanne auf mittlerer Stufe aufsetzen, Cashewkerne für einige Minuten hineingeben, bis sie gebräunt und angeröstet sind, dann auf einen Teller umfüllen und beiseitestellen.

2 Unterdessen in einem Topf Wasser zum Kochen bringen. Die Nudeln kochen, bis sie etwas weich und noch sehr al dente sind, dann abgießen und unter kaltem Wasser abspülen, damit sie nicht aufweichen.

3 Frühlingszwiebeln grob in große Stücke schneiden und größeres, kompakteres Gemüse wie Maiskölbchen und Karotten klein schneiden, falls erforderlich. Den Wok mit einem sauberen Geschirrtuch auswischen und wieder bei mittlerer bis hoher Stufe auf den Herd stellen. 1 TL Sesamöl hineingeben. Frühlingszwiebeln und kompakteres Gemüse hineingeben und 2–3 Minuten unter Umrühren braten.

4 Als Nächstes Ingwer, den verbliebenen ½ TL Sesamöl, dunkle und helle Sojasoße, Ahornsirup und Reiswein hinzugeben. Nochmals 1 Minute kochen und dabei regelmäßig umrühren, bis die Soße allmählich einkocht und dick wird. Die Hitze auf mittlere Stufe verringern, Nudeln und Cashewkerne einrühren und alles 20–30 Sekunden lang durcherhitzen, dann servieren.

GLUTENFREI (GLUTENFREIE ASIATISCHE NUDELN, TAMARI-SOJASOSSE UND MIRIN-REISWEIN VERWENDEN)

RIESEN-COUSCOUS, LAUCH UND BROKKOLI

Das schütteln wir normalerweise an einem Wochenende oder als schnelles Abendessen unter der Woche aus dem Ärmel. Es ist einfach und greift viel von dem auf, was wir an der mediterranen Küche schätzen: salzige Oliven, säuerlichen Zitronensaft und die herbe Note von Weißwein. Du kannst das Gericht individuell anpassen. Rühre zum Schluss weiße Bohnen aus der Dose als zusätzliche Proteine hinein oder ersetze den Brokkoli durch grünes Blattgemüse wie Grünkohl oder Spinat.

EQUIPMENT: **KOCHTOPF** / **GROßE BRATPFANNE**

FÜR **4 PORTIONEN** / VORBEREITUNG: **5 MINUTEN** / KOCHZEIT: **10 MINUTEN**

300 g Riesen-Couscous
Olivenöl
1 Stange Lauch, in Ringe geschnitten
1 Kopf Brokkoli
150 ml veganer trockener Weißwein
1 TL Fenchelkörner
1 Gemüsebrühwürfel
Saft von ½ Zitrone
100 g Kalamata-Oliven, ohne Kern, halbiert
Salz und Pfeffer
100 g veganer Fetakäse (optional)

1 In einem Topf Salzwasser zum Kochen bringen. Couscous 8 Minuten kochen (er sollte noch etwas bissfest sein), dann abgießen.

2 Inzwischen eine große Bratpfanne auf mittlerer bis hoher Stufe aufsetzen und etwas Olivenöl hineinträufeln. Den Lauch 3 Minuten braten. Währenddessen den Brokkoli in Röschen zerteilen, die Röschen in kleine Teile schneiden und den Strunk würfeln, dann beiseitestellen. Die Hitze etwas erhöhen und den Wein in die Pfanne gießen. 1–2 Minuten kochen oder bis der Wein größtenteils reduziert ist.

3 Brokkoliröschen und Strunk in die Pfanne geben, dann die Fenchelkörner. Den Gemüsebrühwürfel in einem Gefäß mit 200 ml heißem Wasser direkt aus dem Kocher auflösen. In die Pfanne gießen. 2–3 Minuten kochen oder bis der Brokkoli zart, aber noch knackig ist.

4 Pfanne vom Herd nehmen und gekochten Couscous, Zitronensaft und Oliven hinzufügen. Umrühren und mit Salz und Pfeffer abschmecken.

5 Zum Servieren den veganen Fetakäse darüber zerkrümeln und zum Schluss mit Olivenöl und noch mehr schwarzem Pfeffer abrunden.

TIEFKÜHLGEEIGNET

GRÜNKOHL-KICHERERBSEN-SUPPE

Es lässt sich schwer übertreiben, wie wohltuend diese einfache Bowl mit Grünkohl und Kichererbsen wirklich ist. Was dieses perfekte Gericht zusammenhält – es ist wie eine warme, köstliche Umarmung –, ist die Misobrühe. Wie geschaffen dafür, unser warmes Knoblauchbutter-Baguette einzustippen. Geradezu göttlich.

EQUIPMENT: **GROẞER TOPF** / **GRILLPFANNE ODER GROẞES BACKBLECH** / **KLEINE SCHÜSSEL**
FÜR **4 PORTIONEN** / VORBEREITUNG: **5 MINUTEN** / KOCHZEIT: **10 MINUTEN**

- 3 EL vegane Butter oder Margarine
- 1 Zwiebel, abgezogen und fein gehackt
- 1 l Gemüsebrühe
- 2 EL Misopaste (wir verwenden weißes Miso)
- 150 g Grünkohl, zerkleinert
- 2 Dosen Kichererbsen à 400 g, abgegossen und abgespült
- ½ großes Baguette, in Scheiben geschnitten
- 2 Knoblauchzehen, abgezogen und fein gehackt
- Salz und Pfeffer

1 Einen großen Topf auf mittlerer Stufe aufsetzen und 1 EL Butter schmelzen. Die Zwiebel 5 Minuten anbraten. Brühe, Misopaste, Grünkohl und Kichererbsen hinzufügen. Die Brühe aufkochen, dann die Hitze verringern und 5–6 Minuten köcheln lassen, bis der Grünkohl weich ist.

2 Während die Brühe köchelt, die Baguettescheiben in einer heißen Grillpfanne rösten oder auf ein großes Backblech legen und 1–2 Minuten von jeder Seite unter den Grill stellen oder bis sie eine goldene Farbe haben.

3 Inzwischen die restlichen 2 EL Butter in einer kleinen Schüssel mit dem Knoblauch und je etwas Salz und Pfeffer vermengen. Die Knoblauchbutter auf das warme Röstbrot streichen.

4 Nun ½ TL schwarzen Pfeffer aus der Mühle in die Suppe rühren. Die Suppe in Bowls füllen, nochmals schwarzen Pfeffer darübergeben und mit Knoblauchbrotscheiben servieren.

TIEFKÜHLGEEIGNET
GLUTENFREI (GLUTENFREIES BAGUETTE VERWENDEN)

FRÜHLINGSPANZANELLA

An der klassischen Panzanella – dem italienischen Sommersalat, traditionell mit reifen Tomaten zubereitet – gibt es natürlich überhaupt nichts auszusetzen. Abgesehen von der Tatsache, dass wir normalerweise nicht bis zum Sommer auf diesen Genuss warten können, und deswegen wenden wir uns diesem Gericht zu – einer saisonalen Variante mit Spargel, und trotzdem mit allen Panzanella-Highlights: altes Brot, Kapern, Salatgurke und ganz viel frisches Basilikum.

EQUIPMENT: **GROẞES BACKBLECH** / **BRATPFANNE** / **SCHÄLCHEN** / **SCHÜSSEL**
FÜR **3–4 PORTIONEN** / VORBEREITUNG: **7 MINUTEN** / KOCHZEIT: **8 MINUTEN**

- 300 g altes Brot, gewürfelt
- Olivenöl
- Salz und Pfeffer
- 250 g grüner Spargel
- 4 EL Rotweinessig
- 2 EL Kapern sowie 1 EL Kapernflüssigkeit
- ½ Salatgurke, in halbe Scheiben geschnitten
- 3 Frühlingszwiebeln, in Ringe geschnitten
- 1 große Handvoll frisches Basilikum (20 g), Blätter abgezupft und klein gerissen

1 Den Ofen auf 220 °C Ober-/Unterhitze (Umluft: 200 °C / Gas: Stufe 7) vorheizen. Das Brot auf einem großen Backblech ausbreiten und mit Olivenöl beträufeln. Mit Salz und Pfeffer bestreuen und vermengen, dann 8–10 Minuten backen oder bis es eine goldene Farbe hat.

2 Inzwischen die holzigen Spargelenden abschneiden und entsorgen. Die Spargelstangen in 2½ cm lange Stücke schneiden; Köpfe ganz lassen. Eine Bratpfanne auf mittlerer Stufe aufsetzen, etwas Öl hineinträufeln und den Spargel 5 Minuten braten.

3 In einem Schälchen den Rotweinessig mit 60 ml Öl, je etwas Salz und Pfeffer sowie 1 EL Kapernflüssigkeit verrühren.

4 Kapern, Salatgurke, Frühlingszwiebeln und Basilikum in eine Schüssel geben; das gebackene Brot, den Spargel und das Dressing hinzufügen. Alles miteinander verrühren, dann servieren.

GLUTENFREI (GLUTENFREIES BROT VERWENDEN)

SÄUERLICHER PAPADAM-SALAT

Vor dem Curry unterschiedlich gewürzte Papadams (Fladenbrot) zu verputzen, ist mit das Beste an einem Essen im südasiatischen Restaurant. Für uns ist es ein echtes Highlight an jedem Curryabend. Mit diesem unkomplizierten und ausgesprochen aromatischen knusprigen Salat fangen wir jenen Moment ein. Toppings sind eine säuerliche rote Zwiebel und – natürlich – eingelegte Limette.

EQUIPMENT: **2 SCHÄLCHEN** / **BRATPFANNE** / **SCHÜSSEL**
FÜR **4 PORTIONEN** / VORBEREITUNG: **10 MINUTEN** / KOCHZEIT: **2 MINUTEN**

1 rote Zwiebel, in Ringe geschnitten
Saft von 1 Zitrone
Salz
1 TL Kreuzkümmelsamen
2 TL Ahornsirup
2 EL Olivenöl
Pfeffer
1 Dose schwarze Bohnen à 400 g, abgegossen und abgespült
2 reife Tomaten, klein geschnitten
60 g Papadams (6–7 kleine Papadams)
60 g Salatblätter (wir nehmen Feldsalat)
2 EL eingelegte Limette (Lime Pickle), zum Servieren

1 Die rote Zwiebel, die Hälfte des Zitronensafts und 1 Prise Salz in einem Schälchen verrühren, dann beiseitestellen.

2 Eine Bratpfanne auf mittlerer Stufe aufsetzen. Wenn die Pfanne heiß ist, die Kreuzkümmelsamen hineingeben und in der trockenen Pfanne 2–3 Minuten rösten oder bis sie ein dunkleres Braun annehmen. In eine Schüssel geben. Restlichen Zitronensaft, Ahornsirup, Olivenöl und je etwas Salz und Pfeffer hinzufügen. Die schwarzen Bohnen und die Tomatenstücke hineinrühren, dann beiseitestellen.

3 Zum Servieren einige Papadams zerbrechen und mit den Salatblättern auf einem großen Servierteller arrangieren. Mit den schwarzen Bohnen und den Tomaten belegen und schließlich mit den eingelegten roten Zwiebeln. Eingelegte Limette in eine kleine Schale geben und mit etwas Wasser verdünnen, dann mit einem Löffel über den Salat geben und servieren; die restlichen Papadams dazu reichen.

SALAT MIT SPINAT UND SESAM

Sesam in einer heißen, trockenen Pfanne zu rösten, ist wirklich sehr einfach. Wir bringen so mehr Aroma und Textur in unsere Gerichte. Die gerösteten Saaten verleihen diesem supereinfachen Salat, der ein süß-säuerliches Sesamdressing mit sautiertem Spinat und knackigem Gemüse kombiniert, eine extranussige Note und Extrabiss. Außerdem verwenden wir gekochte Quinoa. Du kannst stattdessen aber auch zum Beispiel Reis oder Gerste verarbeiten.

EQUIPMENT: **BRATPFANNE** / **SCHÄLCHEN**

FÜR **2 PORTIONEN** / VORBEREITUNG: **5 MINUTEN** / KOCHZEIT: **5 MINUTEN**

- 3 EL Sesam
- 1 TL Sesamöl sowie etwas mehr extra
- 1½ EL helle Sojasoße
- ½ EL hellbrauner Zucker
- 1 EL Reisessig
- 250 g junger Spinat
- 250 g Quinoa, vorgekocht
- 1 Karotte, fein gestiftelt
- 3 Frühlingszwiebeln, fein geschnitten

1 Eine Bratpfanne auf mittlerer Stufe erhitzen. Sesam hineingeben und in der trockenen Pfanne 2 Minuten rösten oder bis er eine goldene Farbe hat. In eine kleine Schale umfüllen und mit 1 TL Sesamöl, Sojasoße, Zucker und Reisessig vermischen. Diese Soße für später beiseitestellen.

2 Die Bratpfanne auswischen. Etwas Sesamöl hineinträufeln, den Spinat hineingeben und 3–5 Minuten sautieren oder bis er zusammengefallen ist. Pfanne vom Herd nehmen und gekochte Quinoa sowie Sesamsoße hineinrühren.

3 Das Spinat-Quinoa-Gemisch auf die Bowls verteilen und mit Karotten und Frühlingszwiebeln belegen.

GLUTENFREI (TAMARI-SOJASOSSE VERWENDEN)

1 KOCHGERÄT

ONE-POT-ORZO-NUDELN
MIT SONNENGETROCKNETEN TOMATEN

Der Meinung vieler Traditionalisten zum Trotz sind One-Pot-Pastagerichte gekommen, um zu bleiben, und das ist absolut in unserem Sinn. Bei unserer neuesten One-Pot-Obsession kommen Orzo-Nudeln zum Einsatz. Sie verbinden sich beim Kochen perfekt mit der Soße, ohne zu zerfallen. Dieses Gericht steckt voller Aromen: Oliven, sonnengetrocknete Tomaten und Basilikum ergeben gemeinsam in nur 15 Minuten einen wohltuenden, rundum leckeren Nudeltopf.

EQUIPMENT: **SCHMORTOPF ODER TOPF MIT SCHWEREM BODEN**
FÜR **4 PORTIONEN** / VORBEREITUNG: **3 MINUTEN** / KOCHZEIT: **12 MINUTEN**

Olivenöl

6 Knoblauchzehen, abgezogen und fein geschnitten

2 Dosen zerkleinerte Tomaten à 400 g

120 g Kalamata-Oliven ohne Kern, halbiert

1 EL Rotweinessig

450 g Orzo-Nudeln

Salz und Pfeffer

100 g sonnengetrocknete Tomaten aus dem Glas, abgetropft und klein geschnitten

1 Handvoll frisches Basilikum (15 g), gehackt

1 Einen Schmortopf oder Topf mit schwerem Boden auf mittlerer Stufe aufsetzen und einem Spritzer Olivenöl hineingeben. Den Knoblauch 2 Minuten anbraten. Dosentomaten hinzugeben. Die leeren Dosen bis zum Rand mit Wasser füllen und dieses in den Topf gießen. Nun Oliven, Rotweinessig, Orzo-Nudeln und großzügig Salz und Pfeffer hinzufügen.

2 Umrühren. Die Hitze verringern, bis es leise köchelt, dann Deckel auflegen und 10–12 Minuten simmern lassen oder bis die Orzo-Nudeln al dente sind. Falls die Soße etwas trocken aussieht und die Pasta noch nicht gar ist, etwas Wasser hinzugeben. Außerdem die Pasta regelmäßig prüfen und gründlich umrühren, damit sie nicht am Topfboden ansetzt, denn das kann passieren.

3 Sobald die Orzo-Nudeln gar sind, die sonnengetrockneten Tomaten und das frische Basilikum hineinrühren. Mit einem Spritzer Olivenöl und etwas schwarzem Pfeffer aus der Mühle servieren.

TIEFKÜHLGEEIGNET
GLUTENFREI (GLUTENFREIE PASTA VERWENDEN)
1 KOCHGERÄT

CHIPOTLE MOLLETES

Wir sind sehr vom »offenen Sandwich« überzeugt, und viel besser als ein Mollete kann es gar nicht werden – dieses Standardgericht in Mexico City besteht aus einem aufgeschnittenen Brötchen, das mit gebackenen Bohnen und Käse belegt ist. Bei unserer Hommage werden Pintobohnen mit Zwiebeln und Chipotle-Paste für ein intensives Raucharoma gebraten. Du kannst einen beliebigen veganen Käse verwenden; wir greifen normalerweise zu etwas im Stil von Cheddar.

EQUIPMENT: **BRATPFANNE** / **BACKBLECH** / **SCHÜSSEL**

FÜR **4 PORTIONEN** / VORBEREITUNG: **5 MINUTEN** / KOCHZEIT: **10 MINUTEN**

- Olivenöl
- 1½ kleine Zwiebeln
- 2 Dosen Pintobohnen à 400 g, abgegossen und abgespült
- 1 EL Chipotle-Paste
- Salz und Pfeffer
- 4 Sandwichbrötchen
- 150 g veganer Käse, gerieben (wir nehmen Käse im Stil von Cheddar)
- 4 Tomaten
- Saft von 2 Limetten
- 1 Handvoll frischer Koriander (15 g)

1 Eine Bratpfanne auf mittlerer Stufe aufsetzen und 1 Spritzer Öl darin erhitzen. 1 Zwiebel abziehen und würfeln und 3 Minuten braten, bis sie glasig ist. Bohnen mit Chipotle-Paste, 120 ml Wasser und großzügig Salz und Pfeffer hinzugeben. Umrühren und mit aufgelegtem Deckel 5 Minuten kochen, dann mit einem Kartoffelstampfer zu einer dicken Masse zerdrücken. Wenn sie zu flüssig ist, noch ein paar Minuten unter ständigem Rühren köcheln lassen, bis sie dick ist.

2 Die Sandwichbrötchen aufschneiden. Die gebratenen Bohnen auf die Hälften verteilen und verstreichen. Jede Hälfte mit Käse belegen und 2–3 Minuten unter den Grill stellen oder bis der Käse geschmolzen ist.

3 Inzwischen für die Soße die Tomaten klein schneiden, dann die verbliebene halbe Zwiebel abziehen und fein hacken. Beides mit 2 EL Olivenöl, dem Limettensaft und großzügig Salz und Pfeffer in eine Schüssel geben. Koriander klein zupfen und hinzugeben. Miteinander verrühren.

4 Die Soße auf die mit Käse belegten Brötchenhälften träufeln. Zum Schluss einen Spritzer Öl und noch ein wenig Salz und Pfeffer darübergeben.

GLUTENFREI (GLUTENFREIES BROT VERWENDEN)

GRÜNES GEMÜSE MIT BANG-BANG-SOSSE

Bang-Bang-Soße ist eine amerikanische Erfindung, eine Kombination aus süßer Chilisoße, Srirachasoße und normalerweise Mayonnaise – ein unwiderstehlich cremiges und scharfes Dressing (nicht zu verwechseln mit dem Gericht Bang Bang aus Szechuan, das weich geklopftes Fleisch enthält!). Für dieses schnelle Gericht lassen wir die Mayonnaise weg und nehmen stattdessen Erdnussbutter. So wird diese Soße gesünder und sogar noch unwiderstehlicher.

EQUIPMENT: **SCHÜSSEL** / **WOK ODER GROSSE BRATPFANNE** / **SCHÄLCHEN**
FÜR **3 PORTIONEN** / VORBEREITUNG: **5 MINUTEN** / KOCHZEIT: **10 MINUTEN**

300 g Reisnudeln
2 TL Sesamöl
1 Brokkoli, in kleine Röschen zerteilt
100 g feine grüne Bohnen, geputzt
100 g Zuckerschoten
1 EL helle Sojasoße
1 Handvoll gesalzene Erdnüsse, grob gehackt
4 EL glatte Erdnussbutter ohne Stückchen
2 EL süße Chilisoße
1 EL Srirachasoße
1 TL Reisessig

1 Die Reisnudeln in eine Schüssel geben, mit kochendem Wasser direkt aus dem Kocher bedecken, 8–10 Minuten beiseitestellen und weich werden lassen, dann abgießen. Sie sollten weich sein, aber noch Biss haben.

2 Inzwischen das Sesamöl in einen Wok oder eine große Bratpfanne auf mittlerer Stufe geben. Brokkoli und grüne Bohnen hinzufügen und 3 Minuten braten oder bis sie allmählich weich werden. Zuckerschoten hinzufügen und weitere 2 Minuten braten oder bis das gesamte Gemüse zart ist. Die Hitze herunterstellen, Sojasoße einrühren und 20–30 Sekunden kochen. Den Wok vom Herd nehmen und die gehackten Erdnüsse hineinstreuen.

3 Erdnussbutter, Chilisoße, Srirachasoße und Reisessig in einer kleinen Schale vermischen. Ein paar Spritzer Wasser hinzugeben, damit die Soße dünner wird. Zu den Nudeln und dem pfannengerührten Gemüse servieren.

GLUTENFREI (TAMARI-SOJASOSSE VERWENDEN)
PROTEINREICH
1 KOCHGERÄT

SALAT MIT GEGRILLTEM MAIS
UND SÜẞEM CHILIDRESSING

Hier ist die Besonderheit, dass man den Mais unter dem Grill gart. Dadurch bekommt der Salat ein herrliches Röstaroma. Alternativ kann man den Mais auf einen Grill legen, wenn es noch besonderer werden soll. Dieses Gericht funktioniert hervorragend als leichtes Mittagessen – du könntest Tortillachips dazu reichen – oder als Beilage.

EQUIPMENT: **BACKBLECH** / **2 SCHÄLCHEN** / **GROẞE SCHÜSSEL**
FÜR **4 PORTIONEN** / VORBEREITUNG: **5 MINUTEN** / KOCHZEIT: **10 MINUTEN**

- 2 Maiskolben
- 2 EL Olivenöl
- Salz und Pfeffer
- 1 TL Paprikapulver
- 200 g Rotkohl, gehobelt
- 1 kleine Handvoll frisches Basilikum (10 g), Blätter abgezupft
- 1 Salatgurke, gewürfelt
- 3 Limetten
- 2 EL Ahornsirup
- 1 rote Chilischote, fein gehackt

1 Beim Mais alle äußeren Blätter entfernen und die Kolben auf ein Backblech legen.

2 In einem Schälchen Olivenöl mit großzügig Salz und Pfeffer sowie Paprikapulver verrühren und die Maiskolben mit diesem Gemisch von allen Seiten bestreichen. Die Kolben 10–12 Minuten unter einen Grill (hohe Stufe) legen oder bis die Kerne leicht angeröstet sind; die Kolben alle paar Minuten wenden, damit sie gleichmäßig gar werden.

3 Unterdessen Rotkohl, Basilikum und Salatgurke in eine große Schüssel geben. Die Schale von ½ Limette abreiben. Den Saft von allen 3 Limetten auspressen und mit dem Abrieb in ein Schälchen geben. Ahornsirup und Chili (wer nicht gerne scharf isst: ohne Kerne) hinzufügen. Das Dressing über den Kohlsalat gießen und gründlich vermengen.

4 Sobald der Mais fertig ist, die Kolben mithilfe eines Geschirrtuchs festhalten und die Körner herunterschneiden. Ebenfalls in die Schüssel geben, den Salat mischen und servieren.

GLUTENFREI
1 KOCHGERÄT

FIESTA-REIS

Bratreis ist etwas, das bei uns zu Hause fast immer im Umlauf ist und von Yang Chow (chinesisch) bis Pulao (indisch) unterschiedliche Gestalt annimmt. Unsere vielleicht beliebteste Variante jedoch enthält Chipotle-Paste – und ist dadurch eine rauchige und scharfe »Fiesta« der Aromen. Wenn wir unter Zeitdruck stehen, verwenden wir einfach verzehrfertigen gekochten Reis. So machen wir es hier und bekommen ein superschnelles Abendessen für werktags.

EQUIPMENT: **SCHMOR- ODER KOCHTOPF**

FÜR **3 PORTIONEN** / VORBEREITUNG: **4 MINUTEN** / KOCHZEIT: **11 MINUTEN**

Olivenöl

1 Zwiebel, abgezogen und fein gehackt

3 Knoblauchzehen, abgezogen und in Scheiben geschnitten

1 grüne Paprikaschote, gewürfelt

2 TL Chipotle-Paste

2 EL Tomatenmark

500 g Vollkornreis, vorgekocht

2 Dosen Kidneybohnen à 400 g, abgegossen und abgespült

1 Bund frischer Koriander (30 g), gehackt

Saft von ½ Zitrone

2 Frühlingszwiebeln, in Ringe geschnitten

Salz

1 Einen Schmor- oder Kochtopf auf mittlerer bis hoher Stufe aufsetzen und etwas Olivenöl hineinträufeln. Zwiebel und Knoblauch 5–6 Minuten anbraten oder bis sie gebräunt sind. Paprikaschote hinzufügen und 2 Minuten braten.

2 Die Hitze etwas reduzieren, dann Chipotle-Paste und Tomatenmark hinzugeben; dazu 1 EL Wasser, damit die Pasten sich besser verflüssigen. Umrühren und 1 Minute braten, dann Reis, Kidneybohnen und nochmals einige EL Wasser hinzugeben. Gründlich verrühren und einige Minuten kochen.

3 Zum Schluss Koriander, Zitronensaft und Frühlingszwiebeln hineinrühren. Mit Salz abschmecken und vor dem Servieren etwa 30 Sekunden durcherwärmen.

GLUTENFREI
1 KOCHGERÄT

KNUSPRIGE PITABROT-NACHOS MIT HUMMUS

Hummus ist wohl der beste Dip überhaupt und mit diesen üppig belegten Pitabrot-Nachos lassen wir ihn voll zur Geltung kommen. Dieses Gericht kann man sehr gut zu Grillabenden oder Sommerpartys mitbringen, wenn man eine frische und leichte Nacho-Variante essen möchte.

EQUIPMENT: **GROßES BACKBLECH** / **KÜCHENMASCHINE** / **KLEINE SCHÜSSEL**
FÜR **6 PORTIONEN** / VORBEREITUNG: **10 MINUTEN** / BACKZEIT: **5 MINUTEN**

- 6 weiße Pitabrote
- Olivenöl
- Salz und Pfeffer
- 3 Knoblauchzehen, mit Schale
- 1 Zitrone
- 1 Dose Kichererbsen à 400 g, abgegossen und abgespült
- 3 EL Tahini
- 1 große Handvoll frische Minze (20 g), Blätter abgezupft
- 200 g veganer Joghurt (wir nehmen Haferjoghurt griechische Art)
- ⅔ Salatgurke, gewürfelt
- 100 g gegrillte rote Paprikaschote aus dem Glas, abgetropft und klein geschnitten
- 80 g schwarze Oliven ohne Kern, halbiert
- Sesam, zum Servieren (optional)

1 Den Ofen auf 220 °C Ober-/Unterhitze (Umluft: 200 °C, Gas: Stufe 7) vorheizen. Die Pitabrote in Dreiecke wie Tortillachips schneiden und auf einem großen Backblech ausbreiten. Mit Olivenöl beträufeln und mit je etwas Salz und Pfeffer würzen, dann die nicht geschälten Knoblauchzehen auf dem Blech verteilen. 5–10 Minuten backen oder bis die Pita-Chips eine goldene Farbe haben; nach der Hälfte der Zeit wenden, damit sie gleichmäßig backen.

2 Inzwischen ½ Zitrone auspressen und mit Kichererbsen, Tahini und je etwas Salz und Pfeffer in eine Küchenmaschine geben. Sobald die Pita-Chips und der Knoblauch fertig sind, den Knoblauch vom Blech nehmen, schälen und ebenfalls in die Küchenmaschine geben. Verarbeiten, bis das Ganze nahezu Mus ist. Bei laufender Küchenmaschine 4–6 EL kaltes Wasser zugießen und weiterpürieren, bis das Hummus schön glatt ist. Falls nötig, für die richtige Konsistenz mehr Wasser verwenden. Beiseitestellen.

3 Die Hälfte der Minzeblätter grob hacken und in einer kleinen Schüssel mit Joghurt und der Hälfte der gewürfelten Gurke zu Zaziki verarbeiten.

4 Zum Servieren die Pita-Chips auf einem großen Servierteller anrichten. Zuerst mit Hummusklecksen versehen und dann mit der restlichen Gurke, Paprikaschoten, Oliven, Zaziki und den übrigen Minzeblättern belegen. Mit etwas Sesam bestreuen, dann die andere Zitronenhälfte in Spalten aufschneiden, auf den Teller legen und servieren.

GLUTENFREI (GLUTENFREIE PITABROTE VERWENDEN)
1 BACKBLECH

15–30 MINUTEN

SÜẞKARTOFFEL-KATSU

Katsu-Curry gehört zu den Gerichten, bei denen man leicht in Euphorie verfällt. Manchmal ist die Zubereitung zu Hause allerdings recht kompliziert, deswegen backen wir für diese vereinfachte Form Süßkartoffelscheiben und servieren sie mit selbst gemachter Katsu-Soße, luftigem Reis und crunchigen Panko-Streuseln.

EQUIPMENT: **GROẞES BACKBLECH** / **BACKPAPIER** / **KOCHTOPF** / **2 BRATPFANNEN** / **MIXER**
FÜR **4 PORTIONEN** / VORBEREITUNG: **8 MINUTEN** / KOCHZEIT: **20 MINUTEN**

600 g Süßkartoffeln, in 1 cm dicke Scheiben geschnitten

Pflanzenöl

Salz und Pfeffer

250 g Jasminreis

1 Zwiebel, abgezogen und gehackt

2 Karotten, klein gewürfelt

6 Knoblauchzehen, abgezogen und gehackt

1 EL Currypulver medium

1 Dose Kokosmilch à 400 ml

1 EL Ahornsirup

40 g Panko-Paniermehl

2 Frühlingszwiebeln, in dünne Ringe geschnitten

1 Den Ofen auf 220 °C Ober-/Unterhitze (Umluft: 200 °C, Gas: Stufe 7) vorheizen. Ein großes Backblech mit Backpapier auslegen. Süßkartoffelscheiben auf das Blech legen, mit Öl beträufeln und mit etwas Salz und Pfeffer bestreuen. Vermengen, dann 20–25 Minuten backen oder bis sie weich sind.

2 Inzwischen den Reis nach Packungsanweisung zubereiten. Während er kocht, eine Bratpfanne auf mittlerer Stufe aufsetzen und einen Spritzer Öl darin erhitzen. Zwiebel, Karotten und 4 Knoblauchzehen 8 Minuten braten. Nun Currypulver und 1 Prise Salz hinzufügen und 1 Minute braten. Kokosmilch und Ahornsirup einrühren und 5 Minuten leise köcheln lassen, dann die Soße vom Herd nehmen und zu einer glatten Soße pürieren.

3 Etwas Öl in eine weitere Bratpfanne geben und den restlichen Knoblauch sowie Panko-Paniermehl und je etwas Salz und Pfeffer dazugeben. 3 Minuten braten oder bis das Paniermehl eine goldene Farbe hat, dabei ständig umrühren, damit es nicht anbrennt.

4 Zum Servieren auf jedem Teller eine Portion Reis mit etwas Katsu-Soße und Süßkartoffeln anrichten. Mit dem gerösteten Paniermehl bestreuen und zum Schluss die Frühlingszwiebeln darübergeben.

SÜßKARTOFFEL-BLUMENKOHL-CHAAT

Chaat ist ein klassischer südasiatischer Streetfood-Snack, normalerweise mit frittiertem Teig. Unsere Version mit nur einem Backblech beschränkt sich als gesündere Variante aufs Gemüse, ohne beim köstlich-scharfen Geschmack Zugeständnisse zu machen.

EQUIPMENT: **GROßE OFENPFANNE / KLEINE SCHÜSSEL / KÜCHENMASCHINE ODER MÖRSER UND STÖßEL**

FÜR **3–4 PORTIONEN** / VORBEREITUNG: **5 MINUTEN** / KOCHZEIT: **25–30 MINUTEN**

800 g Süßkartoffeln, gewürfelt

1 großer Blumenkohl, in Röschen zerteilt, Blätter aufbewahren

Pflanzenöl

Salz und Pfeffer

1 EL Garam Masala

1 TL Chilipulver

1 TL Fenchelsamen

1 TL gemahlener Ingwer

250 ml veganer Joghurt (wir nehmen Haferjoghurt)

1 EL Ahornsirup

½ Granatapfel

FÜR DAS GRÜNE DRESSING

1 Bund frischer Koriander (30 g)

½ TL Garam Masala

2 grüne Chilischoten (ohne Kerne)

Saft von 2 Limetten

3 Knoblauchzehen, abgezogen

Salz und Pfeffer

1 Den Ofen auf 220 °C Ober-/Unterhitze (Umluft: 200 °C, Gas: Stufe 7) vorheizen. Süßkartoffelwürfel, Blumenkohlröschen und -blätter in eine große Ofenpfanne geben, mit Pflanzenöl beträufeln und mit Salz und Pfeffer bestreuen. Garam Masala, Chilipulver, Fenchelkörner und gemahlenen Ingwer hinzugeben. Vermengen, bis das Gemüse gleichmäßig überzogen ist, dann 10 Minuten backen. Die Blätter herausnehmen und beiseitestellen. Ofenpfanne nochmals für 15–20 Minuten in den Ofen schieben oder bis das Gemüse angeröstet ist.

2 Währenddessen Joghurt und Ahornsirup in einer kleinen Schüssel miteinander verrühren und beiseitestellen.

3 Für das grüne Dressing fast die gesamte Menge Koriander (mit Stängeln; ein paar Blätter für das Topping aufbewahren), Garam Masala, Chilischoten, Limettensaft, Knoblauch und je etwas Salz und Pfeffer entweder mit der Küchenmaschine oder mit Stößel und Mörser verarbeiten, bis die Konsistenz geschmeidig und eher flüssig ist.

4 Zum Servieren die Blumenkohlblätter sowie die Granatapfelkerne und die restlichen Korianderblätter als Topping auf das geröstete Gemüse geben. Mit etwas Joghurt und grünem Dressing beträufeln und den Rest der beiden Dressings dazu reichen.

GLUTENFREI
1 KOCHGERÄT

CREMIGE PASTA E FAGIOLI

Pasta e Fagioli, also Nudeln mit Bohnen, ist eine traditionelle italienische Nudelsuppe. Unsere Version ist weniger eine Suppe als ein Pastagericht. Wir kochen die Farfalle halbgar und geben sie dann in die Soße, damit die Reststärke deren Textur noch cremiger macht. Dies ist eines der Gerichte, die uns einfach immer aufheitern.

EQUIPMENT: **BRATPFANNE** / **KOCHTOPF**

FÜR **4 PORTIONEN** / VORBEREITUNG: **10 MINUTEN** / KOCHZEIT: **16 MINUTEN**

- 100 g Walnüsse, fein gehackt
- 1 TL Chiliflocken
- 3 Zweige frischer Rosmarin, Nadeln abgezupft und fein gehackt
- Salz und Pfeffer
- Olivenöl
- 1 Stange Lauch, in Ringe geschnitten
- 4 Knoblauchzehen, abgezogen und fein geschnitten
- 1 Dose Cannellinibohnen à 400 g, abgegossen und abgespült
- 250 ml vegane Sahne (wir verwenden Hafersahne)
- 340 g Pasta (wir nehmen Farfalle)
- Saft von ½ Zitrone

1. Eine Bratpfanne auf mittlerer Stufe aufsetzen. Sobald sie heiß ist, die Walnüsse mit ½ TL Chiliflocken, ⅔ der Rosmarinnadeln und großzügig Salz und Pfeffer hineingeben. 3–5 Minuten rösten, bis die Walnüsse eine goldene Farbe haben. Walnussstreusel auf einen Teller geben und für später aufbewahren.
2. Die Bratpfanne auswischen und einen großzügigen Spritzer Olivenöl hineingeben. Lauch, Knoblauch und den restlichen ½ TL Chiliflocken 3 Minuten anbraten. Nun Cannellinibohnen, Sahne und den restlichen Rosmarin hinzufügen. 5 Minuten durcherhitzen. Mit dem Rücken eines Holzlöffels die Bohnen zur Hälfte zerdrücken, damit die Soße dicker wird.
3. Inzwischen Salzwasser in einem Topf zum Kochen bringen. Pasta hineingeben und 6–7 Minuten kochen.
4. Mit einem Schöpflöffel die Pasta direkt in die Soße geben. Etwas Pastawasser zufügen, damit die Soße ein wenig dünner wird. 5 Minuten köcheln lassen oder bis die Soße eindickt und die Pasta al dente ist. Zitronensaft unterrühren. Mit Salz und Pfeffer abschmecken.
5. Zum Servieren die Walnuss-Streusel auf das Gericht geben. Mit Olivenöl und etwas zerstoßenem schwarzem Pfeffer abrunden.

TIEFKÜHLGEEIGNET (OHNE WALNUSS-STREUSEL)

GLUTENFREI (GLUTENFREIE PASTA VERWENDEN)

15–30 MINUTEN

PIZZABAGUETTES MIT PAPRIKA-TAPENADE

Ben hat herzerwärmende Erinnerungen daran, wie er als Kind zu Hause Pizzabaguette zubereitete. Hier gehen wir es professioneller an, mit selbst gemachter Tapenade und leckerem Mandel-Ricotta. Wenn du keine halblangen Baguettes bekommen kannst, nimm ein normales Baguette und schneide es durch.

EQUIPMENT: **KLEINE SCHÜSSEL** / **KÜCHENMASCHINE** / **BACKBLECH**
FÜR **4 PORTIONEN** / VORBEREITUNG: **15 MINUTEN** / KOCHZEIT: **8 MINUTEN**

80 g blanchierte Mandeln
200 g geröstete rote Paprikaschoten aus dem Glas, abgegossen
120 g Oliven ohne Kern (wir nehmen grüne und schwarze)
1 Bund frische Petersilie (30 g) sowie etwas mehr extra
2 Knoblauchzehen, abgezogen
2 EL Zitronensaft
Olivenöl
2 halblange Baguettes
2 EL Nährhefe
100 ml pflanzliche Milch (wir nehmen Hafermilch)
Salz und Pfeffer

1 Die Mandeln in eine kleine Schüssel geben, mit heißem Wasser aus dem Kocher bedecken und einweichen lassen. Den Ofen auf 220 °C Ober-/Unterhitze (Umluft: 200 °C, Gas: Stufe 7) vorheizen.

2 Für die Tapenade die gerösteten roten Paprikaschoten, die meisten Oliven (ein paar für das Topping zurückbehalten), Petersilie, Knoblauch, Zitronensaft und 2 EL Olivenöl in der Küchenmaschine zu einem leicht stückigen Brei verarbeiten. Die Baguettes der Länge nach aufschneiden und mit der Schnittseite nach oben auf ein großes Backblech setzen. Die Tapenade auf die 4 Baguettehälften streichen.

3 Küchenmaschine auswischen. Mandeln abgießen. Für den veganen Ricotta die Mandeln mit Nährhefe, pflanzlicher Milch und je etwas Salz und Pfeffer in die Küchenmaschine geben und einige Minuten lang zu einer glatten, cremigen Masse verarbeiten. Wenn der Ricotta zu klumpig ist, noch etwas pflanzliche Milch hinzugeben (immer je 2 TL) und nochmals pürieren, bis das Gemisch geschmeidig ist.

4 Mandel-Ricotta-Kleckse auf den Baguettes verteilen. Die Baguettes 8–10 Minuten im Ofen überbacken, bis sie an den Kanten allmählich eine goldene Farbe bekommen.

5 Zum Schluss die verbliebenen Oliven in Ringe schneiden und auf die Baguettes streuen, dann etwas schwarzen Pfeffer, ein wenig Olivenöl und ein paar Blätter Petersilie auf die Baguettes geben.

GLUTENFREI (GLUTENFREIE BAGUETTES VERWENDEN)
1 KOCHGERÄT

CIABATTA MIT CURRY-BLUMENKOHL

Sandwiches erleben gerade eine Renaissance, und das zu Recht. Manchmal hilft nur noch ein Burger – und dieses Ciabatta mit Curry-Blumenkohl ist in jedem Fall genau das Richtige. Würzige geröstete Blumenkohlröschen werden mit einer cremig-süßen Soße gemischt. Die Blumenkohlblätter nicht wegwerfen! Stattdessen kannst du sie würzen, mit etwas Olivenöl rösten und vor dem Pürieren in eine Suppe geben.

EQUIPMENT: **BACKBLECH** / **GROẞE SCHÜSSEL**

FÜR **2 PORTIONEN** / VORBEREITUNG: **8 MINUTEN** / BACKZEIT: **15–20 MINUTEN**

- ½ großer Blumenkohl, in kleine Röschen zerteilt, Blätter abgeschnitten
- 3 TL Currypulver medium
- ½ TL Rauchpaprikapulver
- Salz und Pfeffer
- Pflanzenöl
- 3 EL vegane Mayonnaise
- 4 EL veganer Joghurt (wir nehmen Haferjoghurt)
- ½ EL Mangochutney
- 1 EL Rosinen
- 2 Ciabattabrötchen
- 1 große Tomate, in Scheiben geschnitten
- 1 Handvoll grüne Salatblätter

1 Den Ofen auf 220 °C Ober-/Unterhitze (Umluft: 200 °C, Gas: Stufe 7) vorheizen. Blumenkohlröschen auf ein Backblech legen und mit 2 TL Currypulver, Paprikapulver, großzügig Salz und Pfeffer und etwas Öl vermengen. 15–20 Minuten backen, bis der Blumenkohl gar ist und eine goldene Farbe hat. Aus dem Ofen holen und abkühlen lassen.

2 Inzwischen Mayonnaise, Joghurt, Chutney und Rosinen in einer großen Schüssel mit dem restlichen TL Currypulver und je etwas Salz und Pfeffer verrühren. Den abgekühlten Blumenkohl unter die Soße ziehen.

3 Ciabattabrötchen aufschneiden. Tomatenscheiben auf die Unterhälften legen, dann den Curry-Blumenkohl auf beide Unterhälften verteilen. Zum Schluss die Salatblätter daraufschichten. Die Ciabatta-Oberhälften auflegen und servieren.

GLUTENFREI (GLUTENFREIE BRÖTCHEN VERWENDEN)

1 BACKBLECH

PASTA MIT SPINAT UND ARTISCHOCKEN

Hier gilt: bloß keine falsche Bescheidenheit beim Knoblauch! In Kombination mit Rosmarin verleiht er diesem köstlichen cremigen Pastagericht einen charakteristischen nussigen und erdigen Charakter. In einem luftdichten Behälter aufbewahrt, hält sich dieses Gericht im Kühlschrank 2–3 Tage, ist also sehr gut als Mittagessen unter der Woche geeignet.

EQUIPMENT: **KOCHTOPF** / **BRATPFANNE**

FÜR **4 PORTIONEN** / VORBEREITUNG: **10 MINUTEN** / KOCHZEIT: **12 MINUTEN**

320 g Pasta (wir verwenden Fusilli)

Olivenöl

6 Knoblauchzehen, abgezogen und fein geschnitten

2 frische Zweige Rosmarin, Nadeln abgezupft und gehackt

1 EL Mehl

380 ml pflanzliche Milch (wir nehmen Hafermilch)

½ Gemüsebrühwürfel

120 g junger Spinat

Saft und abgeriebene Schale von 1 Zitrone

150 g Artischocken aus dem Glas, geviertelt

Salz und Pfeffer

1 Die Pasta nach Packungsanweisung al dente kochen. Inzwischen eine Bratpfanne auf mittlerer Hitze aufsetzen, etwas Öl hineingeben. Knoblauch und Rosmarin 2 Minuten darin braten. Mehl hinzufügen, alles gut miteinander verrühren und 30 Sekunden weiterbraten.

2 Die pflanzliche Milch unter ständigem Rühren langsam in die Pfanne gießen, danach den halben Brühwürfel hineinkrümeln. Die Soße vorsichtig zum Kochen bringen und 5 Minuten unter gelegentlichem Umrühren leise köcheln lassen, bis sie dick geworden ist.

3 Spinat zugeben und 2–3 Minuten kochen, bis er zusammengefallen ist. Nun die Pasta mit einem Schöpflöffel direkt in die Soße befördern und etwas Pastakochwasser zum Verdünnen hinzugeben. Zitronensaft und Artischocken einrühren, mit Salz und Pfeffer abschmecken und zum Servieren mit Zitronenschale garnieren.

TIEFKÜHLGEEIGNET

GLUTENFREI (GLUTENFREIE PASTA UND GLUTENFREIES MEHL VERWENDEN)

»LACHS«-KAROTTE UND MISOBUTTER AUF RÖSTBROT

Bevor wir vegan waren, konnten wir uns nicht vorstellen, dass wir »Lachs«-Karotte essen würden, schon gar nicht auf einem knusprigen, üppig mit Misobutter bestrichenen Brot. Wir nehmen hier weißes Miso, weil es einen süßeren und feineren Geschmack hat, im Grunde geht es aber mit jeglichem Miso.

EQUIPMENT: **GROẞE SCHÜSSEL** / **KLEINE SCHÜSSEL**
FÜR **2 PORTIONEN** / VORBEREITUNG: **20 MINUTEN** / KOCHZEIT: **0 MINUTEN**

2 Karotten
½ EL Kapern sowie 1½ EL Kapernflüssigkeit
1 EL Olivenöl
1½ EL Zitronensaft
1 Handvoll frischer Dill (15 g), gehackt
Salz und Pfeffer
4 Scheiben Sauerteigbrot
1 Avocado, geschält und in Scheiben geschnitten
1 Handvoll Salatblätter

FÜR DIE MISOBUTTER
3 EL vegane Butter oder Margarine
1 TL Misopaste (wir nehmen weißes Miso)
1 kleine Knoblauchzehe, abgezogen und fein gehackt
etwas frischer Dill

1 Karotten zu Bändern schneiden (Schäler) und mit Kapern, Kapernflüssigkeit, Olivenöl, Zitronensaft, einem Großteil Dill und je etwas Salz und Pfeffer in eine große Schüssel geben. Alles vermengen und 15 Minuten beiseitestellen zum Marinieren.

2 Inzwischen die Zutaten für die Misobutter in einer kleinen Schüssel mit dem restlichen Dill verrühren.

3 Die 4 Brotscheiben mit der Misobutter bestreichen. Karotten aus der Marinade nehmen und überschüssige Flüssigkeit vorsichtig ausdrücken. Karotten auf die gebutterten Brotscheiben schichten, mit Avocadoscheiben und Salatblättern belegen. Servieren.

GLUTENFREI (GLUTENFREIES BROT VERWENDEN)

AUBERGINENCURRY MIT KOKOS, CHILI UND LIMETTE

Dieses aromatische One-Pot-Curry ist eines unserer liebsten tiefkühlgeeigneten Rezepte. Es hält sich gut 2–3 Monate. Die süße aromatische Kokossoße passt hervorragend zum feinen Geschmack der Aubergine.

EQUIPMENT: **BRATPFANNE**

FÜR **4 PORTIONEN** / VORBEREITUNG: **5 MINUTEN** / KOCHZEIT: **25 MINUTEN**

Pflanzenöl
1 Zwiebel, abgezogen und in feine Streifen geschnitten
2 Auberginen, gewürfelt
Salz
1 Handvoll frischer Koriander (15 g)
4 rote Chilischoten
3 Knoblauchzehen, abgezogen und fein gehackt
1 Daumenlänge frischer Ingwer (30 g), geschält und fein gehackt
1 TL Garam Masala
½ TL gemahlener Bockshornklee
1 Dose Kokosmilch à 400 ml
2 EL Tomatenmark
Saft von ½ Limette
Pfeffer
4 Naan-Brote

1 Eine große Bratpfanne auf mittlerer bis hoher Stufe aufsetzen und einen großzügigen Spritzer Öl hineingeben. Die Zwiebel 3 Minuten darin braten. Auberginenwürfel mit einem weiteren Spritzer Öl und 1 Prise Salz dazugeben. 10 Minuten braten oder bis die Aubergine weich ist.

2 Korianderstängel grob hacken, die Chilischoten mehrmals einstechen. Beides mit Knoblauch, Ingwer, Garam Masala und Bockshornklee in die Pfanne geben und 2 Minuten braten.

3 Kokosmilch zugießen, die Dose zur Hälfte mit Wasser füllen und dieses auch hineingießen. Tomatenmark dazugeben. Umrühren und 10–12 Minuten köcheln lassen, bis die Soße dick geworden ist.

4 Zum Schluss den Limettensaft einrühren und alles mit Salz und Pfeffer abschmecken. Als Topping die Korianderblätter aufstreuen.

5 Die Naan-Brote im Toaster erwärmen und zum Curry servieren.

TIEFKÜHLGEEIGNET (OHNE NAAN-BROTE)
GLUTENFREI (GLUTENFREIE NAAN-BROTE VERWENDEN)
1 KOCHGERÄT

SALATBLATT-TACOS MIT KICHERERBSEN IN BUFFALOSOßE

Buffalosoße wird herkömmlich mit Butter zubereitet. Wir kommen hier prima ohne Butter aus – eine etwas gesündere und leichtere Variante zu diesen Tacos aus Salatblättern. Solltest du nach Verwendungsmöglichkeiten für die Flüssigkeit aus der Dose mit Kichererbsen suchen, sieh mal bei unseren köstlichen Baisers auf Seite 194 nach.

EQUIPMENT: **OFENPFANNE** / **GROßE SCHÜSSEL** / **SCHÄLCHEN**
FÜR **4 PORTIONEN** / VORBEREITUNG: **5 MINUTEN** / KOCHZEIT: **23 MINUTEN**

- 2 Dosen Kichererbsen à 400 g, abgegossen und abgespült
- Olivenöl
- Salz
- 100 g Rotkohl, grob gehobelt
- Saft von 1 Zitrone
- Pfeffer
- 3 EL vegane Mayonnaise
- 1 kleine Handvoll frischer Dill (10 g), fein gehackt, sowie etwas mehr extra
- 3 EL scharfe Soße
- 1–2 Romasalate, Blätter abgezupft und abgespült

1 Den Ofen auf 220 °C Ober-/Unterhitze (Umluft: 200 °C, Gas: Stufe 7) vorheizen. Die Kichererbsen in eine große Ofenpfanne geben, mit Olivenöl beträufeln und mit Salz bestreuen. 20 Minuten rösten.

2 Inzwischen den Rotkohl mit der Hälfte des Zitronensafts sowie ein wenig Salz und Pfeffer in eine große Schüssel geben. Vermengen und zum Ziehenlassen beiseitestellen.

3 Für das Dressing in einem Schälchen die vegane Mayonnaise, Dill und einen Spritzer Zitronensaft miteinander verrühren – so viel, dass das Dressing etwas flüssiger wird.

4 Kichererbsen aus dem Ofen nehmen und mit der scharfen Soße übergießen. Miteinander verrühren und nochmals für 3 Minuten in den Ofen schieben.

5 Das Kichererbsengemisch auf die Salatblätter verteilen, mit dem eingelegten Rotkohl belegen und das Mayonnaise-Dressing daraufgeben. Zum Schluss mit etwas Dill bestreuen.

GLUTENFREI
1 KOCHGERÄT

TOFU-LAHMACUN

Lahmacun ist in der Türkei, im Libanon und in Syrien ein Grundnahrungsmittel und wird liebevoll als orientalische Pizza bezeichnet. Normalerweise wird der Snack mit Hackfleisch zubereitet, wir verwenden jedoch zerkrümelten Tofu mit Sojasoße und schmackhaften Gewürzen.

EQUIPMENT: **SCHÄLCHEN** / **BESCHICHTETE PFANNE** / **BRATPFANNE**
FÜR **4 PORTIONEN** / VORBEREITUNG: **15 MINUTEN** / KOCHZEIT: **12 MINUTEN**

1½ rote Zwiebeln
3 Zitronenhälften
3 EL Pinienkerne
Olivenöl
3 Knoblauchzehen, abgezogen und fein gehackt
400 g extrafester Tofu, abgetropft
3 EL dunkle Sojasoße
½ TL gemahlener Zimt
½ TL gemahlenes Piment
1½ TL Paprikapulver
6 EL veganer Joghurt (wir nehmen Haferjoghurt)
2 EL Tahini
4 Fladenbrote
1 kleine Handvoll frische Minze (10 g), Blätter abgezupft

1 ½ Zwiebel abziehen und in halbe Ringe schneiden. 1 Zitronenhälfte auspressen und den Saft mit den Zwiebelringen in ein Schälchen geben. Beiseitestellen und ziehen lassen.

2 Eine beschichtete Pfanne auf mittlerer Stufe aufsetzen. Pinienkerne hineingeben und 2–3 Minuten rösten oder bis sie eine goldene Farbe haben. Dann aus der Pfanne nehmen und beiseitestellen.

3 Die verbliebene Zwiebel abziehen und fein hacken. Etwas Öl in die Pfanne geben, dann die Zwiebel darin 4 Minuten braten. Knoblauch hinzufügen und 1 Minute braten.

4 Den Tofu ausdrücken und alles überschüssige Wasser weggießen. Tofu über der Pfanne zwischen den Fingern zerkrümeln. Sojasoße, Zimt, Piment und Paprikapulver hinzufügen. 5 Minuten braten und dabei den Tofu mit dem Rücken eines Holzlöffels noch mehr zerkleinern.

5 Unterdessen eine weitere Zitronenhälfte auspressen. Zitronensaft mit Joghurt und Tahini zu einem Dressing anrühren.

6 Die Fladenbrote in einer heißen Bratpfanne erhitzen und dann auf einen Teller geben. Auf jedem etwas Tahini-Dressing verteilen, dann das Tofugemisch daraufgeben und mit dem restlichen Dressing beträufeln. Mit gerösteten Pinienkernen, Minzeblättern und der eingelegten roten Zwiebel belegen. Die letzte Zitronenhälfte in Spalten aufschneiden und zu den Lahmacun-Fladenbroten servieren.

GLUTENFREI (GLUTENFREIE FLADENBROTE VERWENDEN)
PROTEINREICH

HARISSA-AUBERGINEN AUF BUTTERBOHNENMUS

Rosenharissa ist etwas milder als die normale Harissapaste. Wir nehmen sie für alles, zum Beispiel unsere gefüllten Zucchini (Seite 136) oder die Bolognesesoße (Seite 158). Und für dieses absolut umwerfende Auberginengericht.

EQUIPMENT: **KOCHTOPF** / **KLEINER KOCHTOPF**
FÜR **3–4 PORTIONEN** / VORBEREITUNG: **6 MINUTEN** / KOCHZEIT: **24 MINUTEN**

Olivenöl
2 Auberginen, gewürfelt
1 Zwiebel, abgezogen und fein gehackt
3 Knoblauchzehen, abgezogen und fein gehackt
1 TL gemahlener Zimt
1 frischer Zweig Rosmarin, Nadeln abgezupft und gehackt
2 EL Rosenharissa
2 Dosen grüne Linsen à 400 g, abgegossen und abgespült
1 Dose zerkleinerte Tomaten à 400 g
Salz und Pfeffer
1 kleine Handvoll frische Petersilie (10 g), gehackt

FÜR DAS MUS
2 Dosen Butterbohnen à 400 g, abgegossen und abgespült
Öl
Salz und Pfeffer
Saft von 1 Zitrone

1 Einen Topf auf mittlerer bis hoher Stufe aufsetzen und einen Spritzer Öl darin erhitzen. Auberginen hineingeben und 8–10 Minuten anbraten. Aus dem Topf nehmen, die Zwiebel und – falls nötig – noch etwas Öl hineingeben; 5 Minuten braten.

2 Knoblauch, Zimt und Rosmarin hinzugeben und 1 Minute braten. Rosenharissa, Linsen, zerkleinerte Tomaten und großzügig Salz und Pfeffer hineinrühren. Die Auberginen wieder in den Topf geben und das Gemisch zum Kochen bringen. Nun die Hitze verringern und 10 Minuten leise köcheln lassen.

3 Inzwischen die Butterbohnen in einem kleinen Topf auf mittlerer Stufe aufsetzen. Etwas Öl, je etwas Salz und Pfeffer und den Zitronensaft hineingeben. Die Bohnen erhitzen und mit einem Stampfer zu Mus verarbeiten.

4 Auberginen-Linsen-Gemisch auf dem Butterbohnenmus servieren und mit etwas Öl und der Petersilie abrunden.

TIEFKÜHLGEEIGNET (NUR DIE AUBERGINE)
GLUTENFREI

FALSCHE SCHARF-SAURE SUPPE

Scharf-saure Suppe ist ein beliebtes Gericht aus der chinesischen Provinz Szechuan (und heißt dort Suan La Tang). Unsere vereinfachte Version besteht aus leicht erhältlichen Zutaten, die dennoch die klassischen säuerlichen und scharfen Aromen mitbringen. Und wenn Bambussprossen nicht so dein Ding sind, nimm stattdessen einfach ein paar Handvoll Bohnensprossen.

EQUIPMENT: **WOK ODER GROßER KOCHTOPF** / **KOCHTOPF**
FÜR **4 PORTIONEN** / VORBEREITUNG: **10 MINUTEN** / KOCHZEIT: **15 MINUTEN**

Sesamöl

250 g kleine braune Champignons, in dicke Stücke geschnitten

400 g Weizennudeln (asiatisch)

1 rote Chilischote, eine Hälfte fein gewürfelt, die andere in Ringe geschnitten (ohne Samen)

2 Knoblauchzehen, abgezogen und fein gehackt

1 Daumenlänge frischer Ingwer (30 g), geschält und fein gehackt

2 ½ EL dunkle Sojasoße

4 EL Apfelessig

1 EL Ahornsirup

500 ml natriumarme Gemüsebrühe

ca. 225 g Bambussprossen aus Dose oder Glas, abgegossen und abgespült

300 g extrafester Tofu, in Würfel geschnitten

2 Frühlingszwiebeln, in Streifen geschnitten

1 Wok oder großen Topf auf hoher Stufe aufsetzen, großzügig Sesamöl hineingeben und die Pilze 8 Minuten braten.

2 Inzwischen die asiatischen Nudeln gemäß Packungsanweisung al dente kochen, dann abgießen.

3 Die Chiliwürfelchen zusammen mit Knoblauch und Ingwer in den Topf oder Wok geben und 2 Minuten braten. Sojasoße, Essig und Ahornsirup hineinrühren und 1 Minute kochen.

4 Gemüsebrühe mit 300 ml heißem Wasser aus dem Kocher zugießen und die Suppe 2 Minuten leise köcheln lassen.

5 Die fertigen Nudeln, die Bambussprossen und den Tofu zugeben und einige Minuten durcherhitzen.

6 Die Chiliringe zusammen mit den Frühlingszwiebeln auf die Suppe streuen. Servieren.

TIEFKÜHLGEEIGNET (OHNE NUDELN)
GLUTENFREI (GLUTENFREIE NUDELN SOWIE TAMARI-SOJASOßE VERWENDEN)

PORTOBELLO-STEAKS UND KARTOFFELMUS

Wir sind davon überzeugt, dass die vegane Küche nicht kompliziert sein muss. Unsere Lieblingsrezepte sind oft diejenigen, bei denen die Zutaten so verarbeitet werden, wie sie natürlicherweise sind – etwa diese Portobellopilze, die wir mit Rosmarin grillen, bis sie saftig sind. Nimm unbedingt ganze Pfefferkörner und zerstoße sie frisch: So wird ihr ganzes Aroma eingefangen.

EQUIPMENT: **GROßES BACKBLECH** / **MÖRSER UND STÖßEL** / **KLEINE SCHÜSSEL** / **GROßER KOCHTOPF** / **BRATPFANNE**

FÜR **4 PORTIONEN** / VORBEREITUNG: **7 MINUTEN** / KOCHZEIT: **23 MINUTEN**

750 g Portobellopilze oder andere große Pilze mit flachem Hut

2 TL schwarze Pfefferkörner

2 Zweige frischer Rosmarin, Nadeln abgezupft und fein gehackt

3 EL vegane Butter oder Margarine

2 EL helle Sojasoße

1 kg Kartoffeln, geschält und in 2–3 cm große Stücke geschnitten

Salz

300 ml vegane Sahne (wir nehmen Hafersahne)

200 g grüner Spargel

3 Knoblauchzehen, abgezogen und fein gehackt

GLUTENFREI (TAMARI-SOJASOßE VERWENDEN)

1 Den Ofen auf 220 °C Ober-/Unterhitze (Umluft: 200 °C, Gas: Stufe 7) vorheizen. Die Pilze mit Stiel nach oben auf ein großes Backblech legen. Mit Mörser und Stößel (oder in einem Gefrierbeutel mit einem Nudelholz) die Pfefferkörner grob zerstoßen. 1 Prise zerstoßene Pfefferkörner mit dem Rosmarin, 1 EL Butter und der Sojasoße in ein Schälchen geben, verrühren und mit einem Pinsel auf die Lamellen der Pilze streichen. 15 Minuten backen.

2 Inzwischen die Kartoffeln in einen großen Topf mit kochendem Wasser geben und 15 Minuten kochen oder bis sie weich sind. Abgießen und ein paar Minuten abdampfen lassen, dann wieder in den Topf zurückgeben. 1 EL Butter, 1 Prise Salz und 1 Prise zerstoßene Pfefferkörner hinzufügen. Zerstampfen, dann ⅓ der Sahne hinzugeben und zu einem glatten Mus verarbeiten.

3 Die holzigen Enden der Spargelstangen abschneiden und entsorgen. Spargel auf das Blech mit den Pilzen geben und mit Pilzsaft vom Blech überziehen. Alles ca. 8 Minuten backen bis der Spargel zart ist. Eine Bratpfanne auf mittlerer Hitze aufsetzen und den restlichen EL Butter hineingeben. Sobald sie geschmolzen ist, den Knoblauch 1–2 Minuten braten oder bis er braun wird, dann die restliche Sahne und die Pfefferkörner sowie 1 Prise Salz hinzufügen. Umrühren und 1 oder 2 Minuten durcherhitzen. Vom Herd nehmen.

4 Das Kartoffelmus mit Pilzen und Spargel auf Tellern servieren und die sahnige Pfeffersoße darübergeben.

RAMEN MIT TERIYAKI-BOHNENBÄLLCHEN

Diese herrliche Ramen ist zwar nicht gerade herkömmlich, aber vertraue uns, wenn wir sagen, dass sie alles ist, was du dir von einer Bowl asiatischer Nudeln für dein Gemüt wünschst. Wir nehmen asiatische Weizennudeln, aber praktisch alle asiatischen Nudelsorten eignen sich dafür. Mandelbutter kannst du auch durch Erdnussbutter oder Tahini ersetzen.

EQUIPMENT: **KÜCHENMASCHINE** / **BACKBLECH** / **BACKPAPIER** / **GROẞER KOCHTOPF** / **SCHÜSSEL**
FÜR **4 PORTIONEN** / VORBEREITUNG: **13 MINUTEN** / KOCHZEIT: **17 MINUTEN**

2 Dosen schwarze Bohnen à 400 g, abgegossen und abgespült
1 Daumenlänge frischer Ingwer (30 g), geschält und fein gehackt
50 g Haferflocken
60 g Walnüsse
30 g Paniermehl (wir nehmen Panko-Paniermehl)
1 TL Sesamöl
3 EL Teriyakisoße
200 g Weizennudeln (asiatisch)
3 EL Misopaste (wir verwenden braunes Reismiso)
3 EL Mandelbutter
1 l Gemüsebrühe
2 Köpfe Pak Choi, Blätter abgetrennt und abgespült
3 Frühlingszwiebeln, in Ringe geschnitten

1 Den Ofen auf 220 °C Ober-/Unterhitze (Umluft: 200 °C, Gas: Stufe 7) vorheizen. Bohnen, Ingwer, Haferflocken, Walnüsse, Paniermehl, Sesamöl und 1 EL Teriyakisoße in eine Küchenmaschine geben. Intervallmixen, bis die Zutaten größtenteils zerkleinert sind und das Gemisch in den Händen formbar ist, aber nicht zu stark verarbeiten.

2 Das Gemisch zu 16 Bällchen formen und diese auf ein mit Backpapier ausgelegtes Backblech legen. 15 Minuten im Ofen backen, dann mit den restlichen 2 EL Teriyakisoße einpinseln und weitere 2 Minuten backen.

3 Inzwischen die Nudeln in einem großen Topf mit heißem Wasser al dente kochen, dann unter kaltem Wasser abgießen und beiseitestellen.

4 Misopaste, Mandelbutter und 200 ml Wasser in einer Schüssel zu einer geschmeidigen Flüssigkeit verrühren und beiseitestellen.

5 Die Gemüsebrühe in den Topf geben, in dem die Nudeln gekocht wurden, und nochmals 500 ml heißes Wasser direkt aus dem Kocher zugießen. Mäßig aufkochen, die Pak-Choi-Blätter hineingeben und 60 Sekunden kochen. Vom Herd nehmen und das Miso-Gemisch langsam teelöffelweise einrühren, damit die Mandelbutter sich nicht abscheidet.

6 Die gekochten Nudeln auf Bowls verteilen, mit Miso-Brühe übergießen und zum Schluss Bohnenbällchen, Pak-Choi und Frühlingszwiebelringe hineingeben.

TIEFKÜHLGEEIGNET (NUR DIE BOHNENBÄLLCHEN)
GLUTENFREI (GLUTENFREIES PANIERMEHL UND GLUTENFREIE ASIATISCHE NUDELN VERWENDEN)
PROTEINREICH

TORTILLA-SUPPE MIT DREIERLEI BOHNEN

Diese Tortillasuppe – oder Sopa de Tortilla, wie sie in Mexiko heißt – ist im Hause SO VEGAN ein Familienlieblingsessen geworden. Sie ist eines dieser bescheidenen Gerichte, das jedes Mal genau ins Schwarze trifft. Wir verwenden eine Mischung aus schwarzen Bohnen, Cannellini- und Pintobohnen. Das Rezept ergibt mehr Tortillasticks, als du für deine Suppe vermutlich brauchst, aber wir (na ja, meistens unsere Tochter Maja!) knabbern liebend gerne welche als Beilage dazu.

EQUIPMENT: **SCHMOR- ODER KOCHTOPF** / **SCHÜSSEL** / **GROßES BACKBLECH** / **BACKPAPIER**
FÜR **4 PORTIONEN** / VORBEREITUNG: **8 MINUTEN** / KOCHZEIT: **13 MINUTEN**

- Olivenöl
- 1 Zwiebel, abgezogen und fein gehackt
- 4 Knoblauchzehen, abgezogen und fein gehackt
- 4 Tortillafladen
- Salz und Pfeffer
- 2 TL gemahlener Kreuzkümmel
- ¼ TL Cayennepfeffer
- 4 EL Tomatenmark
- 3 Dosen verschiedene Bohnen à 400 g, abgegossen und abgespült
- 150 g Tiefkühlmais
- 1 l Gemüsebrühe
- Schale und Saft von 1 Limette
- 1 große Handvoll frischer Koriander (20 g), gehackt
- veganer Weichkäse zum Servieren

1 Einen großen Schmor- oder Kochtopf auf mittlerer Stufe aufsetzen und 1 EL Olivenöl hineingeben. Zwiebel und Knoblauch hinzufügen und 6–8 Minuten anbraten oder bis die Zwiebel glasig ist.

2 Den Ofen auf 200 °C Ober-/Unterhitze (Umluft: 180 °C, Gas: Stufe 6) vorheizen. Die Tortillas halbieren und in 3 mm schmale Streifen schneiden. Mit 2 TL Olivenöl sowie je etwas Salz und Pfeffer in eine Schüssel geben und dann auf einem großen, mit Backpapier ausgelegten Backblech ausbreiten. 6–7 Minuten im Ofen backen oder bis sie knusprig und golden sind; nach der Hälfte der Zeit gründlich bewegen, damit sie gleichmäßig gebacken werden.

3 Kreuzkümmel, Cayennepfeffer und 1 großzügige Prise Salz in den Topf mit Zwiebel und Knoblauch hinzugeben. Die Gewürze 1 Minute rösten, Tomatenmark hinzugeben und nochmals 1 Minute braten.

4 Bohnen und Mais hinzufügen. Nun die Gemüsebrühe zugießen und mit weiteren 250 ml heißem Wasser auffüllen. Zum Köcheln bringen und 5 Minuten simmern lassen.

5 Schließlich Limettenschale und -saft hineinrühren, dazu den Großteil des gehackten Korianders. Mit etwas Salz abschmecken.

6 In Bowls mit etwas veganem Weichkäse, dem restlichen gehackten Koriander und den Tortillasticks servieren.

TIEFKÜHLGEEIGNET (OHNE TORTILLASTICKS)
GLUTENFREI (GLUTENFREIE TORTILLAS VERWENDEN)
PROTEINREICH

SÜẞKARTOFFEL-KICHERERBSEN-CURRY MIT KURKUMA

Von Anfang an liebte unsere Tochter Maya Currygerichte – Kreuzkümmel, Kurkuma und Koriander sind gewürzmäßig immer eine sichere Sache. Im Ergebnis erscheint dieses beruhigend einfache Curry regelmäßig in unserer Küche. Wir backen die Süßkartoffeln, das verleiht der süßen Kokossoße ein besonders karamellisiertes Aroma.

EQUIPMENT: **BACKBLECH** / **BACKPAPIER** / **KOCHTOPF** / **GROẞER SCHMOR- ODER KOCHTOPF**
FÜR **4 PORTIONEN** / VORBEREITUNG: **10 MINUTEN** / KOCHZEIT: **20 MINUTEN**

- 600 g Süßkartoffeln, in 2 cm große Würfel geschnitten
- Pflanzenöl
- Salz und Pfeffer
- 280 g brauner Schnellkochreis
- 2 Schalotten, abgezogen und fein geschnitten
- 5 Knoblauchzehen, abgezogen und fein gehackt
- 2 TL gemahlener Kreuzkümmel
- 1 TL gemahlener Koriander 2 TL gemahlene Kurkuma
- 1 Gemüsebrühwürfel
- 1 Dose Kokosmilch à 400 ml
- 2 Dosen Kichererbsen à 400 g, abgegossen und abgespült
- 1 Handvoll frischer Koriander (15 g), Blätter abgezupft

1 Den Ofen auf 220 °C Ober-/Unterhitze (Umluft: 200 °C, Gas: Stufe 7) vorheizen. Die Süßkartoffeln auf ein mit Backpapier ausgelegtes Backblech legen, mit Öl beträufeln, mit Salz und Pfeffer bestreuen und gut vermengen, dann 15 Minuten backen oder bis sie weich sind.

2 Inzwischen den Reis gemäß Packungsanweisung zubereiten. Etwas Öl in einen großen Schmor- oder Kochtopf geben und die Schalotten 5 Minuten anbraten. Knoblauch und Gewürze hinzugeben und weitere 2 Minuten braten.

3 Brühwürfel zerkrümeln und mit Kokosmilch, Kichererbsen, gerösteten Süßkartoffeln und 200 ml heißem Wasser in den großen Topf geben. Das Curry zum Kochen bringen, dann die Hitze verringern und 5 Minuten köcheln lassen. Kosten und nach Belieben mit Salz und Pfeffer abschmecken.

4 Das Curry mit dem Reis servieren und mit frischen Korianderblättern bestreuen.

TIEFKÜHLGEEIGNET (OHNE REIS)
GLUTENFREI

SALAT MIT GEGRILLTEN FRÜHLINGSZWIEBELN UND EDAMAME

Frühlingszwiebeln zu grillen, ist eine wirklich simple Technik, die hilft, ihren scharfen Geschmack abzumildern, und gibt diesem warmen Salat eine feine Rauchnote. Wir arbeiten mit einer Grillpfanne, aber es geht auch jede andere Pfanne. Und in den Sommermonaten nutzen wir immer die Gelegenheit, sie auf den Grill zu legen.

EQUIPMENT: **KOCHTOPF** / **GRILLPFANNE ODER BRATPFANNE** / **SCHÄLCHEN**
FÜR **4 PORTIONEN** / VORBEREITUNG: **8 MINUTEN** / KOCHZEIT: **12 MINUTEN**

- 150 g trockene gemischte Quinoa
- 200 g Tiefkühledamame
- Olivenöl
- 8 Frühlingszwiebeln, der Breite nach halbiert
- Salz und Pfeffer
- 60 g Haselnüsse, grob gehackt
- Saft von 2 Limetten
- 4 EL Tahini
- 1 EL Ahornsirup
- 4 Handvoll Brunnenkresse

1 Quinoa in einen Topf geben und bis mindestens ein paar Zentimeter darüber Wasser aufgießen. Zum Kochen bringen und 10 Minuten köcheln lassen. Edamame hinzugeben und alles 2–3 weitere Minuten kochen. Sobald sie fertig sind, Quinoa und Edamame abgießen und beiseitestellen.

2 Inzwischen eine Grill- oder Bratpfanne auf mittlerer bis hoher Stufe erhitzen. Etwas Öl in der Pfanne verteilen, dann die Frühlingszwiebeln hineingeben und von jeder Seite 2 Minuten anbraten; mit etwas Salz und Pfeffer bestreuen. Die Frühlingszwiebeln auf einen Teller legen. Haselnüsse in die Pfanne geben und 2–3 Minuten rösten oder bis sie eine goldene Farbe haben.

3 In einem Schälchen Limettensaft, Tahini und Ahornsirup miteinander zu einem Dressing verrühren. Falls nötig, mit 1 oder 2 EL Wasser verdünnen.

4 Quinoa, Edamame und Brunnenkresse mit Salz und Pfeffer vermengen und auf einem großen Servierteller reichen; die gegrillten Frühlingszwiebeln, Haselnüsse und das Dressing als Topping daraufgeben.

REIS UND ROTE BOHNEN

Dieses herzhafte Gericht hat alles, was wir an Comfort Food aus den Südstaaten so sehr lieben. Es kommt aus New Orleans und gehört zu der wunderbaren kreolischen Küche. Traditionellerweise wird es stundenlang geschmort – fast den ganzen Tag lang! – und mit Fleisch serviert. Was unserer Version an Authentizität fehlt, macht sie an Tempo locker wieder wett.

EQUIPMENT: **GROẞER SCHMOR- ODER KOCHTOPF** / **KOCHTOPF**

FÜR **4 PORTIONEN** / VORBEREITUNG: **4 MINUTEN** / KOCHZEIT: **26 MINUTEN**

- Olivenöl
- 1 Zwiebel, abgezogen und fein gehackt
- 1 Stange Staudensellerie, fein geschnitten
- 1 rote Paprikaschote, fein geschnitten
- 3 Dosen Kidneybohnen à 400 g, abgegossen und abgespült
- 1 Lorbeerblatt
- 1 TL Tabascosoße
- 500 ml Gemüsebrühe
- 300 g Basmatireis
- 1 EL Misopaste (wir nehmen braunes Reismiso)
- ½ TL gemischte getrocknete Kräuter
- 2 Frühlingszwiebeln, in Ringe geschnitten

1 Einen großen Schmor- oder Kochtopf auf mittlerer bis hoher Stufe aufsetzen und 2 EL Olivenöl hineingeben. Zwiebel, Sellerie und rote Paprikaschote 5 Minuten anbraten oder bis die Zwiebel fast braun wird.

2 Die Bohnen zu ⅓ zerstampfen und dann zusammen mit den restlichen ganzen Bohnen, dem Lorbeerblatt, Tabasco und 400 ml Gemüsebrühe ebenfalls in den Topf geben. Kräftig zum Köcheln bringen und 20 Minuten unter gelegentlichem Umrühren köcheln lassen. Sollte die Soße zu schnell einkochen, noch etwas Brühe zugeben. Inzwischen den Reis laut Packungsanweisung kochen.

3 Misopaste und Kräuter in die Bohnen rühren und 1 Minute durcherhitzen. Die Soße sollte dick, aber so flüssig sein, dass sie leicht vom Löffel fällt. Eventuell noch ein wenig Wasser zusätzlich unterrühren.

4 Die Bohnen mit dem Reis servieren, die Frühlingszwiebeln darüberstreuen.

TIEFKÜHLGEEIGNET (OHNE REIS)
GLUTENFREI
PROTEINREICH

KNUSPRIGE WEIßKOHLBRATLINGE

Anregung für dieses Rezept ist ein herzhafter Pfannkuchen aus Osaka (Japan), bekannt als Okonomiyaki. Üblicherweise wird er mit Ei zubereitet, wir vertrauen stattdessen auf Kichererbsenmehl als Bindemittel. Es verklebt alle Zutaten miteinander und so entstehen perfekt knusprige Bratlinge. Sie sind supervielseitig, das heißt, sie können beliebig belegt werden. Wir finden jedoch, Sriracha-Mayonnaise und ein schneller selbst gemachter Coleslaw (Krautsalat) sind einfach immer das Richtige.

EQUIPMENT: **2 SCHÜSSELN** / **BRATPFANNE** / **SCHÄLCHEN**
FÜR **2 PORTIONEN** / VORBEREITUNG: **10 MINUTEN** / KOCHZEIT: **12 MINUTEN**

300 g Weißkohl
100 g Rotkohl
2 Karotten, gestiftelt
Saft von 1 Limette
90 g Kichererbsenmehl
2 EL plus 1 TL helle Sojasoße
3 Frühlingszwiebeln, in Ringe geschnitten
Sesamöl
1 EL Srirachasoße
2 EL vegane Mayonnaise
2 TL Ahornsirup

1 Zuerst Weißkohl und Rotkohl dünn schneiden oder hobeln. Für den Coleslaw ⅓ des Weißkohls mit dem gesamten Rotkohl, der Hälfte der Karottenstifte und dem Limettensaft vermengen. Beiseitestellen.

2 Kichererbsenmehl, 2 EL Sojasoße und 5 EL Wasser in einer separaten Schüssel zu einer glatten Masse verquirlen. Den Rest von Weißkohl und Karottenstiften hinzufügen, als Nächstes ⅔ der Frühlingszwiebeln. Mit den Händen Gemüse und Kichererbsengemisch vermengen, bis das Gemüse gleichmäßig überzogen ist.

3 Eine Bratpfanne auf mittlerer Stufe aufsetzen und etwas Sesamöl hineingeben. Die Hälfte der Bratlingmischung in die Pfanne geben und mit einem Spatel hinunterdrücken. An den Rändern auslaufen lassen und einen großen, etwa 1 cm dicken Bratling bilden. Deckel auflegen und von jeder Seite 3–5 Minuten braten, bis er eine goldene Farbe hat. Bratling herausnehmen und mit einem sauberen Geschirrtuch zum Warmhalten zudecken. Noch etwas Öl in die Pfanne geben und mit dem restlichen Gemisch wiederholen.

4 Inzwischen in einem Schälchen Sriracha mit Mayonnaise vermischen und beiseitestellen.

5 Nun 1 TL Sesamöl, den verbliebenen TL Sojasoße und den Ahornsirup zum Coleslaw geben und alles miteinander verrühren.

6 Zum Servieren jeweils die Hälfte von Coleslaw, Sriracha-Mayonnaise und den restlichen Frühlingszwiebeln auf die Bratlinge geben.

TIEFKÜHLGEEIGNET
GLUTENFREI (TAMARI-SOJASOßE VERWENDEN)

KICHERERBSEN-WALNUSS-EINTOPF PERSISCHE ART

Dieser Comfort-Food-Eintopf ist entfernt von dem persischen Gericht Fesenjan inspiriert. Es wird traditionell mit Hühnchen und Aubergine zubereitet und auf Reis serviert. Unsere vereinfachte Version enthält Zutaten, die einfacher zu finden sind, schenkt aber – wie wir glauben – dennoch alles, was man sich von einem wohligen Eintopf wünscht. Wir würzen ihn leicht mit Kurkuma und Zimt und reichen warme Fladenbrote dazu, du kannst ihn aber auch auf Reis servieren, wenn du das lieber magst.

EQUIPMENT: **GROßER SCHMOR- ODER KOCHTOPF** / **KÜCHENMASCHINE** / **BRATPFANNE**
FÜR **4 PORTIONEN** / VORBEREITUNG: **6 MINUTEN** / KOCHZEIT: **24 MINUTEN**

120 g Walnüsse
Olivenöl
1 rote Zwiebel, abgezogen und fein gehackt
3 Knoblauchzehen, abgezogen und fein gehackt
1 TL gemahlener Zimt
1½ TL gemahlene Kurkuma
400 g Kichererbsen, abgegossen und abgespült
500 ml Gemüsebrühe
1 EL dunkle Sojasoße
Saft von 1 Zitrone
Salz und Pfeffer
4 Fladenbrote
½ Granatapfel
1 TL Ahornsirup
1 Handvoll frischer Koriander (15 g), grob gehackt

TIEFKÜHLGEEIGNET
GLUTENFREI (GLUTENFREIE FLADENBROTE UND TAMARI-SOJASOßE VERWENDEN)
PROTEINREICH

1 Einen großen Schmor- oder Kochtopf auf mittlerer bis hoher Stufe aufsetzen und die Walnüsse hineingeben. 2–3 Minuten rösten oder bis sie braun sind und duften; dabei die Walnüsse mehrmals bewegen, damit sie nicht anbrennen. In eine Schüssel umfüllen und beiseitestellen.

2 Den Topf mit einem sauberen Geschirrtuch auswischen und Walnussreste entfernen. Wieder auf mittlerer Stufe auf den Herd stellen und einen großzügigen Spritzer Olivenöl hineingeben. Zwiebel und Knoblauch 5 Minuten darin anbraten oder bis sie goldbraun sind. Zimt und Kurkuma einrühren und 1 Minute braten.

3 Kichererbsen hinzufügen und auch Gemüsebrühe, Sojasoße, Zitronensaft und je etwas Salz und Pfeffer. Die gerösteten Walnüsse in der Küchenmaschine zu Krümeln verarbeiten, diese in den Topf geben und alles gut umrühren. 15 Minuten simmern lassen oder bis die Soße zu einem Eintopf eingekocht ist.

4 Wenn der Eintopf fast fertig ist, die Fladenbrote in einer heißen Bratpfanne erwärmen. Mit einem Schlag die Kerne aus dem halben Granatapfel herausholen und in den Topf geben (ein paar für das Topping aufheben). Schließlich den Ahornsirup hinzufügen, den Eintopf noch ein letztes Mal umrühren und nochmals ca. 30 Sekunden kochen lassen. Nun mit den warmen Fladenbroten und dem gehackten Koriander sowie einigen Granatapfelkernen als Topping servieren.

STROGANOFF AUS ZWEIERLEI BOHNEN

Nur schwer können wir uns ein Gericht vorstellen, das wir mehr mögen und öfter kochen als Stroganoff. Für welche Variante dieses Gerichts wir uns auch entscheiden, es enttäuscht einfach nie. Hier greifen wir zu Cannellini- und jungen grünen Bohnen, die geschmacklich feiner sind als die traditionell verwendeten Pilze, aber mit der leicht sauren und cremigen Soße geradezu verschmelzen. Nimm möglichst keine allzu süße vegane Sahne – mit Sahne auf Haferbasis schmeckt es am besten.

EQUIPMENT: **GROßE BRATPFANNE** / **KOCHTOPF**

FÜR **4 PORTIONEN** / VORBEREITUNG: **8 MINUTEN** / KOCHZEIT: **15 MINUTEN**

- Olivenöl
- 1 Zwiebel, abgezogen und fein gehackt
- 300 g Jasminreis
- 3 Knoblauchzehen, abgezogen und fein gehackt
- 1 TL Rauchpaprikapulver
- 1 Gemüsebrühwürfel
- 150 g junge grüne Bohnen, Enden geputzt
- 2 Dosen Cannellinibohnen à 400 g, abgegossen und abgespült
- 200 ml vegane Sahne (wir nehmen Hafersahne)
- 2 TL Apfelessig
- Salz und Pfeffer
- 1 große Handvoll frische Petersilie (20 g), grob gehackt

1 Eine große Bratpfanne auf mittlerer Stufe aufsetzen und großzügig Olivenöl hineingeben. Die Zwiebel 8 Minuten braten oder bis sie braun ist. Inzwischen den Reis gemäß Packungsanweisung kochen.

2 Knoblauch und Rauchpaprikapulver in die Pfanne einrühren und 1 Minute braten. Nun den Brühwürfel in einem Gefäß mit 150 ml heißem Wasser direkt aus dem Kocher auflösen und in die Pfanne gießen. Grüne Bohnen dazugeben und 3–4 Minuten kochen oder bis die Bohnen weich sind, aber noch Biss haben.

3 Nun ¼ der Cannellinibohnen mit einer Gabel oder einem Kartoffelstampfer zerdrücken. Mit den restlichen ganzen Cannellinibohnen, Sahne, Essig, 1 Prise Salz und 1 großzügigen Prise Pfeffer ebenfalls in die Pfanne geben. Nochmals 1 oder 2 Minuten kochen und alle Aromen miteinander verbinden. Dann den Großteil gehackte Petersilie einrühren und falls erforderlich mit Salz und Pfeffer abschmecken.

4 Das Bohnen-Stroganoff auf den Reis geben und mit der restlichen gehackten Petersilie bestreuen.

TIEFKÜHLGEEIGNET (OHNE REIS)
GLUTENFREI

TACOS MIT GEGRILLTEN PILZEN

Wir sind schon immer große Fans der Cajun-Gewürzmischung, die diesen fleischigen Pilzen einen leicht scharfen Kick verleiht. Du kannst aber auch eine andere Gewürzmischung nehmen, die du lieber magst – Fajita-, Barbecue- oder gewöhnliches Allzweckgewürz passen genauso gut. Dieses Rezept ergibt 6 Tacos, eine gute Portion für 2 Personen. Vor allem mit ein paar Tortillachips dazu!

EQUIPMENT: **BACKBLECH** / **BACKPAPIER** / **2 SCHÜSSELN** / **BRATPFANNE**
FÜR **2 PORTIONEN** / VORBEREITUNG: **5 MINUTEN** / KOCHZEIT: **20 MINUTEN**

- 1 EL Cajun-Gewürzmischung
- Olivenöl
- 4 Portobello-Pilze
- 3 EL Barbecuesoße
- 1 Mango
- 1 Bund frischer Koriander (30 g), ohne die großen Stängel
- ½ rote Chilischote, in Ringe geschnitten
- Saft von 1 Limette
- 6 kleine Tortillafladen
- Tortillachips, zerstoßen, sowie einige mehr zum Servieren

1 Den Ofen auf 220 °C Ober-/Unterhitze (Umluft: 200 °C, Gas: Stufe 7) vorheizen und ein Backblech mit Backpapier auslegen. Cajun-Gewürzmischung mit 2 EL Olivenöl in einer Schüssel verrühren und die Pilze gleichmäßig mit dem Gemisch einpinseln, auch die Lamellen. Eine Bratpfanne mit etwas Öl auf mittlerer Stufe aufsetzen. Die Pilze mit der Lamellenseite nach unten in die Pfanne geben und 4–6 Minuten von jeder Seite braten oder bis sie angeröstet sind; dabei mit einem Kartoffelstampfer oder einem Metallspatel herunterdrücken, damit mehr Flüssigkeit austritt (es ist nicht schlimm, falls sie dabei ein wenig auseinanderbrechen).

2 Pilze auf ein Schneidebrett legen und in ½ cm dicke Streifen schneiden. In die zuvor benutzte Schüssel geben. Barbecuesoße unter die Pilze rühren, dann die Pilze gleichmäßig auf dem Backblech ausbreiten. 10–15 Minuten im Ofen backen.

3 Inzwischen die Mango um den Kern herum einschneiden und ablösen, sodass man 2 Hälften hat. Das Fruchtfleisch der beiden Hälften gitterartig einschneiden und mit einem Löffel die Mangowürfel herausholen. Am Kern verbliebenes Fruchtfleisch ablösen, die Mangostücke klein schneiden und alles in die zweite Schüssel geben. ⅓ des Korianders grob hacken und mit Chili und Limettensaft ebenfalls in die Schüssel geben. Alles gut umrühren und beiseitestellen.

4 Die Pfanne auswischen und darin die Tortillas erwärmen (hohe Stufe). Nun die Tacos anrichten: Gegrillte Pilze, Mangosalsa, einige Tortillachips und die restlichen Korianderblätter auf die Tortillas geben.

GLUTENFREI (GLUTENFREIE BARBECUESOSSE, TORTILLAS UND CHIPS VERWENDEN)

ZITRONENTOFU UND ASIATISCHE NUDELN

Vielleicht hast du auf den Speisekarten chinesischer Restaurants schon einmal Zitronenhühnchen entdeckt, aber in China könntest du es nur schwer finden. Trotz der verwirrenden Herkunft dieses Gerichts mögen wir vieles an diesem Take-away-Klassiker. Für unser Rezept bekommen knusprige Tofustücke einen Ehrenplatz in einer süßsauren Soße, die wir mit asiatischen Nudeln und Paprika kombinieren.

EQUIPMENT: **2 SCHÜSSELN** / **WOK ODER GROßE BESCHICHTETE BRATPFANNE** / **KOCHTOPF**
FÜR **2 PORTIONEN** / VORBEREITUNG: **10 MINUTEN** / KOCHZEIT: **12 MINUTEN**

- 300 g extrafester Tofu, abgegossen
- 1 EL plus 2 TL Maismehl
- Salz und Pfeffer
- Pflanzenöl
- 1½ Zitronen
- 1½ feinster Zucker
- 1 EL helle Sojasoße
- 160 g Weizennudeln (asiatisch)
- ½ rote Paprikaschote, gewürfelt
- ½ grüne Paprikaschote, gewürfelt
- 3 Knoblauchzehen, abgezogen und in Scheiben geschnitten
- ½ Daumenlänge frischer Ingwer (15 g), geschält und klein geschnitten

1. Den Tofu in mundgerechte Stücke zupfen und in einer Schüssel mit 1 EL Maismehl sowie je etwas Salz und Pfeffer vermengen. Einen Wok oder eine große beschichtete Pfanne auf mittlerer bis hoher Stufe aufsetzen. Einen großzügigen Spritzer Öl und den Tofu hineingeben. 8–10 Minuten anbraten oder bis er rundum eine goldene Farbe hat und knusprig ist. Auf einen Teller geben und den Wok auswischen.
2. Inzwischen 1 Zitrone auspressen und fein abreiben, bis die Menge von 1 TL Schale vorhanden ist. Diese in einer Schüssel mit dem Zitronensaft, Zucker, Sojasoße, den restlichen 2 TL Maismehl, 1 kleinen Prise Salz und 100 ml Wasser verrühren. Beiseitestellen.
3. Die Nudeln nach Packungsanweisung kochen, abgießen und beiseitestellen.
4. Den Wok wieder auf mittlerer bis hoher Stufe aufsetzen und etwas Öl hineingeben. Rote und grüne Paprikawürfel, Knoblauch und Ingwer 2 Minuten unter Umrühren braten, dann die Hitze verringern und die Soße einrühren. 1–2 Minuten kochen, damit die Soße etwas eindickt. Nun den knusprigen Tofu und die gekochten Nudeln unterziehen und servieren. Zum Schluss die verbliebene Zitronenhälfte aufschneiden und zum Garnieren verwenden.

GLUTENFREI (GLUTENFREIE NUDELN UND TAMARI-SOJASOßE VERWENDEN)
PROTEINREICH

15–30 MINUTEN

WÜRZPASTETE

Marmite-Gläser halten in unserem Haushalt nicht sehr lange. Wenn diese Würzpaste nicht auf Toast gestrichen wird, kommt sie normalerweise in Eintöpfe und Pasteten und sorgt für Tiefe und die nötige herzhafte Note, die man sonst durch Fleisch erzeugt. Diese 30-Minuten-Wunderpastete ist so einfach wie es nur geht – deswegen lieben wir sie so.

EQUIPMENT: **GROẞER SCHMOR- ODER KOCHTOPF** / **AUFLAUFFORM**
FÜR **6 PORTIONEN** / VORBEREITUNG: **6 MINUTEN** / BACKZEIT: **15–25 MINUTEN**

- 3 EL vegane Butter oder Margarine
- 1 Zwiebel, abgezogen und fein gehackt
- 3 Karotten, gewürfelt
- 1 Gemüsebrühwürfel
- 3 Dosen grüne Linsen à 400 g, abgegossen und abgespült
- 200 g Tiefkühlerbsen
- 2 EL Mehl
- 2 EL Marmite, eine andere Würzpaste oder Tamari-Sojasoße
- 2 EL Tomatenmark
- 3 frische Zweige Rosmarin, Nadeln abgezupft und grob gehackt
- 1 EL Ganzkornsenf
- 1 EL Balsamicoessig
- Salz und Pfeffer
- 1 vegane Blätterteigplatte à 320 g

1 Den Ofen auf 220 °C Ober-/Unterhitze (Umluft: 200 °C, Gas: Stufe 7) vorheizen. Einen großen Schmor- oder Kochtopf auf mittlerer bis hoher Stufe aufsetzen und 2 EL Butter hineingeben. Zwiebel und Karotten 6 Minuten darin anbraten oder bis die Zwiebel braun ist.

2 Gemüsebrühwürfel in einem Gefäß in 350 ml heißem Wasser aus dem Kocher auflösen und in den Topf gießen. Linsen, Erbsen, Mehl, Würzpaste, Tomatenmark, Rosmarin, Senf, Essig, 1 kleine Prise Salz und 1 große Prise Pfeffer hinzugeben. Gründlich umrühren, damit sich die Würzpaste gleichmäßig verteilt. In eine ca. 25 × 30 cm große Auflaufform gießen.

3 Blätterteigplatte ausrollen und über die Auflaufform breiten; überstehenden Blätterteig abschneiden. Die Ränder der Teigplatte nach innen umfalten und die Platte mehrmals einschneiden, damit der Dampf entweichen kann. Die restliche Butter schnell schmelzen und auf der Teigplatte verstreichen. Die Pastete 15–25 Minuten backen oder bis der Teig eine schöne goldbraune Farbe hat (das könnte je nach Ofen etwas länger dauern).

GLUTENFREI (GLUTENFREIEN BLÄTTERTEIG UND GLUTENFREIES MEHL VERWENDEN UND MARMITE DURCH TAMARI-SOJASOẞE ERSETZEN)

ZWIEBEL-PAKORAS
MIT LIMETTENSALSA

Pakoras werden typischerweise mit einem Chutney oder mit Raita serviert, wir kombinieren diese knusprigen indischen Bratlinge in letzter Zeit jedoch mit einer unglaublich leckeren Limetten-Koriander-Tomaten-Salsa. Dadurch bekommt das Gericht sehr viel Frische und die Bratlinge können beides sein, ein Snack, aber auch ein Mittagessen.

EQUIPMENT: **2 SCHÜSSELN** / **2 GROSSE BRATPFANNEN**
ERGIBT **20 PAKORAS** / VORBEREITUNG: **10 MINUTEN** / KOCHZEIT: **18 MINUTEN**

200 g Kichererbsenmehl
1 EL Garam Masala
1 TL gemahlene Kurkuma
Salz und Pfeffer
4 große Zwiebeln (650 g), abgezogen und fein geschnitten
100 g junger Spinat
Pflanzenöl
1 Handvoll frischer Koriander (15 g), grob gehackt, mit Stängeln
450 g Kirschtomaten, geviertelt
½ grüne Chilischote, ohne Kerne, fein gehackt
Saft von 1 Limette

1 Kichererbsenmehl, Garam Masala, Kurkuma und großzügig Salz und Pfeffer mit 180 ml kaltem Wasser in eine Schüssel geben. Miteinander zu einem dicken, geschmeidigen Teig verquirlen. Zwiebeln und Spinat hineingeben und vermengen, bis sie gut mit Teig überzogen sind. Falls nötig, noch einen Spritzer Wasser hinzufügen, damit Zwiebel und Spinat auch sicher komplett von Teig umhüllt sind.

2 Nun 2 große Bratpfannen auf mittlerer bis hoher Stufe erhitzen und großzügig Öl hineingeben. Für die Pakoras je 2 EL Gemüse-Teig-Gemisch in die Bratpfanne geben und mit einem Spatel flach drücken. Wiederholen, bis keine Pakoras mehr in die Pfanne passen, Deckel auflegen und von jeder Seite 2–3 Minuten braten, bis sie eine goldene Farbe haben. Wiederholen, bis das Gemisch verarbeitet ist; dabei stets noch einen Spritzer Öl in die Pfanne geben. Die fertigen Pakoras jeweils auf einen mit Küchenpapier ausgelegten Teller legen und mit Salz bestreuen.

3 Unterdessen die Salsa zubereiten: In der zweiten Schüssel den Koriander mit Kirschtomaten, Chili, Limettensaft und je etwas Salz und Pfeffer vermengen. Zum Servieren mit dem Löffel auf die Pakoras geben.

TIEFKÜHLGEEIGNET (NUR DIE PAKORAS)
GLUTENFREI

15–30 MINUTEN

SALAT MIT BLUMENKOHLRÖSCHEN IN CAJUN-PANADE

Cajun-Gewürz gehört zu unseren Lieblingsmischungen und hier haben wir sie gut eingesetzt. Sie ist rauchig, pfeffrig und erdig, und das verleiht diesem knusprigen Blumenkohlsalat Tiefe. Wir bevorzugen Joghurt griechischer Art auf Haferbasis, denn wir finden, er ist nicht so süß und rundet das Gericht besser ab. Serviere diesen Salat als Mittagessen oder zu gekochtem Getreide als Abendessen, zum Beispiel zu Quinoa oder braunem Reis.

EQUIPMENT: **GROẞES BACKBLECH** / **BACKPAPIER** / **2 SCHÜSSELN**

FÜR 2–3 PORTIONEN / VORBEREITUNG: **15 MINUTEN** / BACKZEIT: **15 MINUTEN**

- 100 g Mehl
- 120 ml pflanzliche Milch sowie etwas Milch extra
- Salz
- 3 ½ TL Cajun-Gewürz
- 120 g Panko-Paniermehl
- Olivenöl
- 1 mittelgroßer Blumenkohl, in kleine Röschen zerteilt
- 100 g Feldsalat
- 150 g Kirschtomaten, halbiert
- ½ rote Zwiebel, abgezogen und fein geschnitten
- 130 g veganer Joghurt (wir nehmen Haferjoghurt griechische Art)
- Saft von ½ Limette

GLUTENFREI (GLUTENFREIES MEHL UND PANIERMEHL VERWENDEN)

1 KOCHGERÄT

1. Den Ofen auf 240 °C Ober-/Unterhitze (Umluft: 220 °C, Gas: Stufe 9) vorheizen und ein großes Backblech mit Backpapier auslegen.
2. Mehl, pflanzliche Milch, 1 Prise Salz und 1 TL Cajun-Gewürz in einer Schüssel vermischen. Falls der Teig zu dick wirkt, noch etwas Milch hinzugeben. Beiseitestellen.
3. Paniermehl, 2 TL Cajun-Gewürz und 1 EL Olivenöl in eine zweite Schüssel geben. Die Zutaten mit den Fingern vermischen, dann beiseitestellen.
4. Alle Blumenkohlröschen in den Teig geben und umrühren, bis sie komplett überzogen sind. Dann die Röschen einzeln komplett mit Paniermehl überziehen und auf das Backblech legen. 15 Minuten backen oder bis sie gar, aber noch knackig sind.
5. Inzwischen die beiden zuvor benutzten Schüsseln ausspülen und abtrocknen. Salat, Tomaten, rote Zwiebel, 1 TL Olivenöl und ein wenig Salz in die große Schüssel geben, vermengen und beiseitestellen. In der anderen Schüssel den Joghurt mit dem restlichen ½ TL Cajun-Gewürz und dem Limettensaft verrühren. Das Dressing mit etwas pflanzlicher Milch ein wenig verdünnen, dann beiseitestellen.
6. Wenn der Blumenkohl fertig ist, den Salat auf einem großen Servierteller anrichten, mit den Blumenkohlröschen belegen und schließlich etwas Dressing darüberträufeln. Restliches Dressing dazu reichen.

FLADENBROTE MIT ZA'ATAR-GEMÜSE

Einer unserer Lieblingsorte, um so richtig in Esskultur zu schwelgen, ist der Brockley Market im südöstlichen London, von uns aus nur wenige Kilometer die Straße hinunter. Man findet dort viele Stände und Streetfood-Anbieter wie Mike und Ollie. Sie servieren selbst gemachte Fladenbrote, darunter eine köstliche vegane Version mit Kürbis. Die gar nicht so geheime Zutat in ihrem Repertoire ist Za'atar. Sie streichen die Fladenbrote damit ein und es ist die Inspiration hinter diesem Rezept.

EQUIPMENT: **GROßES BACKBLECH** / **BACKPAPIER** / **2 SCHÄLCHEN**

FÜR 4 PORTIONEN / VORBEREITUNG: **8 MINUTEN** / KOCHZEIT: **18–20 MINUTEN**

1 Zucchini, in Scheiben geschnitten
½ Blumenkohl, in kleine Röschen zerteilt
1 rote Zwiebel, abgezogen und grob geschnitten
1 Dose Kichererbsen à 400 g, abgegossen und abgespült
4 Knoblauchzehen, mit Schale
Olivenöl
Salz und Pfeffer
1 EL Sumach
4 Fladenbrote
2 EL Za'atar- Gewürzmischung
4 EL vegane Mayonnaise
2 Tomaten, gewürfelt
1 Handvoll frischer Koriander (15 g), Blätter abgezupft

1 Den Ofen auf 220 °C Ober-/Unterhitze (Umluft: 200 °C, Gas: Stufe 7) vorheizen und ein großes Backblech mit Backpapier auslegen.

2 Zucchini, Blumenkohl, rote Zwiebel, Kichererbsen und Knoblauch auf das Blech legen. Mit Öl beträufeln und großzügig mit Salz, Pfeffer und dem Sumach vermengen. 15 Minuten rösten, dann die Fladenbrote auf das Gemüse legen und alles nochmals 3–5 Minuten in den Ofen geben oder bis die Fladenbrote durcherwärmt sind.

3 Inzwischen das Za'atar in einer kleinen Schüssel mit 3 EL Öl verrühren. Das Blech aus dem Ofen nehmen und Za'atar-Öl auf die Fladenbrote streichen. Die Brote auf Servierteller legen.

4 Die Knoblauchzehen abziehen, sobald sie kalt genug zum Anfassen sind. Knoblauch mit einer Gabel zerdrücken, dann mit der Mayonnaise und 1 EL Wasser in ein Schälchen geben. Miteinander verrühren.

5 Die Fladenbrote mit geröstetem Gemüse und Tomaten belegen, etwas Knoblauchmayonnaise darüberträufeln und mit ein paar Korianderblättern bestreuen.

GLUTENFREI (GLUTENFREIE FLADENBROTE VERWENDEN)

SALAT MIT KNUSPRIGEM CHILI-TOFU

Dieses Gericht ist vom Chili-Rindfleisch beim chinesischen Take-away inspiriert. Wir servieren unseren Tofu mit einem frisch-säuerlichen Salat, das macht ihn leichter. Extrafesten Tofu muss man eigentlich nicht ausdrücken, deswegen ist er bei Rezepten wie diesem gut, um Zeit zu sparen. Sollte dein Tofu ein wenig zu weich sein, denke daran, ihn vor der Zubereitung auszudrücken.

EQUIPMENT: **BESCHICHTETE BRATPFANNE ODER WOK** / **SCHÄLCHEN** / **GROßE SCHÜSSEL**
FÜR **2 PORTIONEN** / VORBEREITUNG: **10 MINUTEN** / KOCHZEIT: **10 MINUTEN**

- 400 g extrafester Tofu, abgegossen
- Salz und Pfeffer
- 2 EL Maismehl
- Sesamöl
- 3 EL Ketchup
- 1 EL dunkle Sojasoße
- 1½ EL feinster Zucker
- 1 Limette
- 3 Knoblauchzehen, abgezogen und fein gehackt
- ½ Daumenlänge frischer Ingwer (15 g), geschält und fein gehackt
- 1 rote Chilischote, die Hälfte gehackt und die Hälfte in Ringe geschnitten
- ½ Romanasalat, Blätter in Streifen geschnitten
- 2 Frühlingszwiebeln, in dünne Ringe geschnitten
- 1 Handvoll frischer Koriander (15 g), Blätter abgezupft
- 1 Handvoll gesalzene Erdnüsse

FÜR DAS DRESSING

- ½ TL dunkle Sojasoße
- ½ TL Sesamöl
- Saft von 1 Limette
- 1 TL feinster Zucker

1. Tofu in mundgerechte Stücke zerbrechen und diese auf einen Teller legen. Mit Salz, Pfeffer und Maismehl bestreuen und vermengen.
2. Eine beschichtete Bratpfanne oder einen Wok auf mittlerer bis hoher Stufe aufsetzen, einen großzügigen Schuss Sesamöl hineingeben und den Tofu 8–10 Minuten braten oder bis er von allen Seiten golden und knusprig ist.
3. Inzwischen Ketchup, Sojasoße und Zucker in eine kleine Schüssel geben. Schale einer Limettenhälfte abreiben und die ganze Limette auspressen. Saft und Abrieb mit den anderen Zutaten verrühren und beiseitestellen.
4. Knoblauch, Ingwer und die gehackte Hälfte der Chilischote in die Pfanne mit dem Tofu geben und 1 Minute braten. Die Ketchup-Soße ca. 30 Sekunden lang einrühren, bis der Tofu überzogen ist; die Pfanne vom Herd nehmen.
5. Chiliringe, Salat, Frühlingszwiebeln, Koriander und Erdnüsse in eine große Schüssel geben (ein paar Erdnüsse zum Dekorieren aufheben).
6. Die Dressingzutaten in eine Schüssel geben. Umrühren und über den Salat gießen. Alles vermengen, den Tofu auf den Salat legen und Erdnüsse darüberstreuen.

GLUTENFREI (TAMARI-SOJASOßE VERWENDEN)
PROTEINREICH
1 KOCHGERÄT

REIS-BOWL MIT PEKING-»ENTE«

Seit wir vegan geworden sind, ist Jackfrucht unser bevorzugter Fleischersatz dank ihrer faserigen Textur und ihrer Eigenschaft, alles aufzusaugen, was wir an Aromen hinzufügen. Hier servieren wir sie in einer Bowl mit luftig-lockerem Reis. Du kannst die Jackfrucht durch etwa 500 g in Streifen geschnittene Shiitakepilze ersetzen, wenn dir das lieber ist; sie sind in derselben Zeit gar.

EQUIPMENT: **BACKBLECH** / **BACKPAPIER**/ **2 SCHÄLCHEN** / **KOCHTOPF**
FÜR **4 PORTIONEN** / VORBEREITUNG: **10 MINUTEN** / KOCHZEIT: **20–25 MINUTEN**

½ rote Zwiebel, abgezogen und dünn geschnitten
2 TL Apfelessig
2 Dosen Jackfrucht in Wasser à 400 g
Sesamöl
280 g Jasminreis
1 TL chinesisches Fünf-Gewürze-Pulver
4 EL Hoisinsoße
1 EL helle Sojasoße
1 Salatgurke, gewürfelt
2 Frühlingszwiebeln, in Ringe geschnitten
Pflaumensoße zum Servieren

1 Den Ofen auf 240 °C Ober-/Unterhitze (Umluft: 220 °C, Gas: Stufe 9) vorheizen und ein Backblech mit Backpapier auslegen. Rote Zwiebel und Apfelessig in einem Schälchen vermengen und beiseitegestellt ziehen lassen.

2 Die Jackfrucht abgießen, abspülen und trocken tupfen. Die harten Strünke herausschneiden und in dünne Streifen schneiden. Dann mit den Fingern das übrige faserige Fruchtfleisch auseinanderziehen. Alles auf das Backblech geben und mit etwas Sesamöl beträufeln. Vermengen, dann 15 Minuten im Ofen rösten; nach der Hälfte der Zeit umrühren.

3 Inzwischen den Reis nach Packungsanweisung zubereiten, Deckel auflegen und beiseitestellen. Das chinesische Fünf-Gewürze-Pulver, Hoisinsoße und Sojasoße in einem Schälchen verrühren. Die Jackfrucht aus dem Ofen holen, sobald sie fertig gebacken ist, mit der Soße vermengen und nochmals 5–10 Minuten backen oder bis sie an den Rändern kross ist.

4 Die Jackfrucht in einer Bowl mit Reis, Salatgurke, Frühlingszwiebeln, eingelegten roten Zwiebeln und einen Klecks Pflaumensoße servieren.

GLUTENFREI (TAMARI-SOJASOẞE VERWENDEN)

AUBERGINENRAGOUT
MIT NEUEN KARTOFFELN

Ragout wird typischerweise stundenlang auf niedriger Stufe gekocht, doch diesen Luxus können wir uns selten leisten, wenn unser Abendprogramm auch vorsieht, die Kinder beizeiten zu versorgen und ins Bett zu bringen. Stattdessen grillen wir die Aubergine, bis sie in der Mitte weich ist, dann ziehen wir das rauchige Fleisch heraus und geben es in eine üppige Tomatensoße. Falls du keine frischen Tomaten verwenden möchtest, kannst du stattdessen 2 Dosen zerkleinerte Tomaten verwenden.

EQUIPMENT: **BACKBLECH** / **GROẞER KOCHTOPF** / **SCHMOR- ODER KOCHTOPF**
FÜR **3–4 PORTIONEN** / VORBEREITUNG: **12 MINUTEN** / KOCHZEIT: **16–21 MINUTEN**

2 Auberginen
800 g neue Kartoffeln
Salz und Pfeffer
Olivenöl
1 Zwiebel, abgezogen und fein gehackt
4 Knoblauchzehen, abgezogen und fein gehackt
600 g reife Tomaten, zerkleinert
1½ TL getrockneter Oregano
1½ EL dunkle Sojasoße
2 TL Balsamicoessig

1 Beide Auberginen jeweils ca. sechsmal mit einer Gabel einstechen und auf ein Backblech legen. Unter einem Grill auf hoher Stufe 15–20 Minuten garen oder bis sie in der Mitte weich sind; nach der Hälfte der Zeit wenden. Wenn sie genug abgekühlt sind, quer halbieren und mit einer Gabel das Fruchtfleisch herausziehen.

2 Inzwischen die Kartoffeln in einen großen Topf geben, mit kaltem Wasser bedecken, 1 Prise Salz hinzufügen, zum Kochen bringen und 10–15 Minuten kochen oder bis sie weich sind. Abgießen und beiseitestellen.

3 Während Auberginen und Kartoffeln gar werden, einen Schmor- oder Kochtopf auf mittlerer Stufe aufsetzen und etwas Olivenöl hineingeben. Zwiebel und Knoblauch 8 Minuten braten oder bis sie braun sind. Tomaten, Oregano, Sojasoße und Balsamicoessig einrühren, dann 8–10 Minuten kochen oder bis die Tomaten zu einer dicken Soße zerfallen sind. Zum Schluss das Auberginenfleisch einrühren, mit Salz und Pfeffer abschmecken und nochmals 1 Minute kochen. Falls die Soße zu dick ist, einen Spritzer Wasser dazugeben.

4 Die Kartoffeln zum Servieren mit einer Gabel zerdrücken. Mit Auberginenragout auf einen Teller geben, mit etwas Olivenöl zusätzlich beträufeln und etwas schwarzen Pfeffer darübermahlen.

TIEFKÜHLGEEIGNET (NUR DAS RAGOUT)
GLUTENFREI (TAMARI-SOJASOẞE VERWENDEN)

BLUMENKOHLSTEAKS MIT SENFKRUSTE

Als Heranwachsende basierte unsere Ernährung meistens auf einem einfachen Prinzip: Fleisch und zweierlei Gemüse. Seit damals hat sich vieles getan und entwickelt, doch ehrlich gesagt vermisst ein Teil von uns noch immer dieses Schlichte: etwas braten und dazu Gemüse servieren. Bühne frei also für unsere Blumenkohlsteaks, die wir mit Panko-Senf-Panade braten und mit Kartoffeln und gedünstetem Spinat servieren. Schlichtes Essen at its best!

EQUIPMENT: **GROẞES BACKBLECH** / **BACKPAPIER** / **GROẞER KOCHTOPF** / **2 SCHÄLCHEN** / **GROẞE BRATPFANNE**

FÜR **2 PORTIONEN** / VORBEREITUNG: **7 MINUTEN** / KOCHZEIT: **20 MINUTEN**

- 1 Blumenkohl
- Olivenöl
- Salz und Pfeffer
- 400 g neue Kartoffeln
- 1 EL Ganzkornsenf
- 4 EL Panko-Paniermehl
- 300 g junger Spinat
- 1 kleine Handvoll frischer Dill (10 g), gehackt
- 100 g veganer Joghurt (wir verwenden Haferjoghurt griechische Art)
- ½ Zitrone, in Spalten geschnitten

1. Den Ofen auf 220 °C Ober-/Unterhitze (Umluft: 200 °C, Gas: Stufe 7) vorheizen und ein großes Backblech mit Backpapier auslegen. Vom Blumenkohl die Blätter entfernen. Den Kopf in der Mitte durch- und von jeder Hälfte ein 2 cm dickes Steak abschneiden. Nun hat man 2 Steaks; den Rest für einen anderen Zeitpunkt aufbewahren. Die Steaks auf das Backblech legen. Beide Seiten mit Olivenöl beträufeln und mit Salz und Pfeffer würzen, dann 10 Minuten backen.
2. Inzwischen die Kartoffeln in einen großen Topf geben und mit kaltem Wasser bedecken. 1 Prise Salz hinzugeben, zum Kochen bringen und 10–15 Minuten kochen oder bis sie weich sind. Abgießen und beiseitestellen.
3. In einem Schälchen Senf mit Paniermehl, 1 EL Olivenöl und je etwas Salz und Pfeffer verrühren. Blumenkohl aus dem Ofen nehmen, die Steaks wenden und das Paniermehlgemisch auf beiden Steaks verteilen. Nochmals für 10 Minuten in den Ofen schieben.
4. Den Spinat mit einem Spritzer Olivenöl in eine große Bratpfanne auf niedriger Stufe geben, bis er zusammengefallen ist. Dill und Joghurt in einer kleinen Schüssel miteinander verrühren. Zum Servieren die Blumenkohlsteaks mit Kartoffeln, Spinat, Joghurt und Zitronenspalten auf Tellern anrichten.

GLUTENFREI (GLUTENFREIES PANIERMEHL VERWENDEN)

COCA DE TOMATE

Je mehr wir die spanische Küche entdecken, umso mehr verlieben wir uns in die schlichte und unkomplizierte Art und Weise, wie frische Zutaten dabei verwendet werden. Coca ist eine spanische Fladenbrotsorte. Dazu gibt es normalerweise eine Auswahl an Toppings. Für dieses Gericht nehmen wir frische reife Tomaten; meistens Pflaumentomaten – wenn wir welche bekommen können –, denn sie haben mehr Fruchtfleisch. Sie kommen auf unseren bewährten »Fertigteig« für eine einfache (Zwischen-)Mahlzeit.

EQUIPMENT: **GROßES BACKBLECH** / **BACKPAPIER** / **SCHÜSSEL** / **SCHÄLCHEN**
FÜR **4 PORTIONEN** / VORBEREITUNG: **10 MINUTEN** / KOCHZEIT: **12 MINUTEN**

- 280 g Mehl mit ca. 1½ TL Backpulver sowie etwas Mehl extra
- 200 g veganer Joghurt (wir nehmen Hafer- oder ungesüßten Sojajoghurt)
- Salz und Pfeffer
- Olivenöl
- 3 Knoblauchzehen, abgezogen und gerieben
- 400 g reife Tomaten, in 3 mm dicke Scheiben geschnitten
- 1½ EL Pinienkerne
- 1 kleine Handvoll frisches Basilikum (10 g), gehackt

1 Den Ofen auf 220 °C Ober-/Unterhitze (Umluft: 200 °C, Gas: Stufe 7) vorheizen und ein großes Backblech mit Backpapier auslegen.

2 Mit einem Löffel Mehl, Joghurt und großzügig Salz und Pfeffer in einer Schüssel miteinander verrühren. Dann den Teig auf eine Arbeitsfläche kippen und 1 Minute lang kneten. Eine saubere Oberfläche mit Mehl bestäuben und den Teig zu einem grob 2–3 mm dicken und ungefähr 30 × 25 cm großen Rechteck ausrollen.

3 Den Teig auf das mit Backpapier ausgelegte Backblech legen, mit etwas Olivenöl beträufeln und dieses mit einem Pinsel auf der gesamten Teigoberfläche verteilen. Knoblauch darüberstreuen, Tomatenscheiben auflegen (falls nötig überlappen). Außen ringsherum 1 cm Rand für die Kruste lassen. Pinienkerne darüberstreuen, dann je etwas Salz und Pfeffer. Nochmals mit etwas Olivenöl beträufeln. 12–15 Minuten backen oder bis die Kruste goldbraun ist.

4 Inzwischen das Basilikum mit 2 EL Öl in einem Schälchen verrühren. Wenn das Brot fertig ist, das Basilikumöl mit dem Löffel darauf verteilen; zum Servieren in Stücke schneiden.

TIEFKÜHLGEEIGNET
1 KOCHGERÄT

GERÖSTETER BLUMENKOHL MIT KREUZKÜMMEL

DAZU COUSCOUS UND PAPRIKASOSSE

Seit wir Muhammara zum ersten Mal probiert haben – ein herrlicher Paprikadip – sind wir geradezu besessen davon, neue Varianten auszuprobieren. Hier verwenden wir eine vereinfachte Version und träufeln sie auf mit Kreuzkümmel gebackenen Blumenkohl und Couscous. Mmmh!

EQUIPMENT: **GROSSE OFENFORM** / **GROSSE SCHÜSSEL** / **KÜCHENMASCHINE**
FÜR **3–4 PORTIONEN** / VORBEREITUNG: **10 MINUTEN** / BACKZEIT: **20 MINUTEN**

1 Blumenkohl
1½ TL Kreuzkümmelsamen
Salz und Pfeffer
Olivenöl
250 g Couscous
400 ml Gemüsebrühe
1 Zitrone
160 g gegrillte rote Paprikaschoten aus dem Glas, abgespült
1 Bund frische Petersilie (30 g), Blätter abgezupft, Stängel aufbewahren
40 g Walnüsse

1 Den Ofen auf 220 °C Ober-/Unterhitze (Umluft: 200 °C, Gas: Stufe 7) vorheizen. Vom Blumenkohl die Blätter entfernen, abspülen und beiseitelegen. Blumenkohl in Röschen zerteilen und diese mit Kreuzkümmelsamen, je etwas Salz und Pfeffer und etwas Olivenöl in eine Ofenform geben. Vermengen und 10 Minuten backen.

2 Couscous in eine große Schüssel füllen, 350 ml Gemüsebrühe zugießen, Deckel auflegen und beiseitestellen.

3 ½ Zitrone auspressen. Den Saft mit Paprikaschoten, Petersilienstängeln, Walnüssen, 3 EL Olivenöl und je ein wenig Salz und Pfeffer in die Küchenmaschine geben. Zu einer glatten Masse pürieren.

4 Ofenform herausnehmen. Röschen auf eine Seite schieben und Blumenkohlblätter hinzufügen. Mit je ein wenig Salz und Pfeffer würzen und mit Olivenöl beträufeln. Vermengen und 10 Minuten backen oder bis die Röschen weich und die Blätter kross sind.

5 Petersilienblätter grob hacken. Kurz vor dem Servieren ca. ⅔ der Petersilie und die restlichen 50 ml Gemüsebrühe in den Couscous rühren.

6 Zum Servieren den Couscous auf einen großen Servierteller geben. Die Blumenkohlröschen und -blätter (und die Kreuzkümmelsamen aus der Ofenform) darauf anrichten, alles mit Paprikasoße beträufeln und die restliche Petersilie darüberstreuen. Die übrige Soße in einem Schälchen dazu servieren.

7 Zum Schluss die zweite Zitronenhälfte in Spalten schneiden und servieren. Köstlich!

ZUCCHINI MIT HARISSA-WALNUSS-FÜLLUNG

Diese feurig gefüllten Zucchini schmecken allein sehr lecker oder aber – so servieren wir sie manchmal – zu einem Blattsalat. Rosenharissa ist feiner als die normale Harissapaste und verleiht diesem Gericht das typische süß-rauchige Aroma.

EQUIPMENT: **BRATPFANNE** / **OFENPFANNE**

FÜR **4 PORTIONEN** / VORBEREITUNG: **7 MINUTEN** / KOCHZEIT: **18–23 MINUTEN**

4 Zucchini

Olivenöl

1 rote Zwiebel, abgezogen und gewürfelt

130 g Walnüsse, fein gehackt

2 EL Rosenharissa

80 g schwarze Oliven, klein geschnitten, sowie 1 EL Flüssigkeit aus dem Glas

Salz und Pfeffer

1 frischer Zweig Thymian, Blätter abgezupft

abgeriebene Schale von ½ Zitrone

1 Den Ofen auf 240 °C Ober-/Unterhitze (Umluft: 220 °C, Gas: Stufe 9) vorheizen.

2 Die Zucchini längs halbieren und mit einem Teelöffel das Fleisch sauber aus der Mitte herauslösen. Das Fleisch grob hacken und beiseitestellen.

3 Eine Bratpfanne auf mittlerer Stufe aufsetzen und etwas Öl darin erhitzen. Zwiebel 5 Minuten braten, dann 100 g Walnüsse, das Rosenharissa, die Oliven mit 1 EL Flüssigkeit sowie das Zucchinifleisch hinzufügen. Großzügig Salz und Pfeffer darüberstreuen und 3 Minuten braten oder bis alles durcherhitzt und miteinander vermengt ist.

4 Die Zucchinihälften in eine große Ofenform setzen und dazwischen etwas Platz lassen. Mit etwas Öl beträufeln und das Walnussgemisch in die Mitte füllen. 15–20 Minuten backen.

5 Inzwischen die Pfanne für das Walnussgemisch auswischen und die restlichen Walnüsse sowie großzügig Salz und Pfeffer und die Thymianblätter hineingeben. Auf mittlerer bis hoher Stufe 3–5 Minuten rösten. Dann die abgeriebene Zitronenschale untermengen und beiseitestellen.

6 Wenn die Zucchini fertig sind, mit dem Walnussgemisch bestreuen und servieren.

TIEFKÜHLGEEIGNET
GLUTENFREI

CHILI-BROKKOLI
MIT SÜẞKARTOFFELBREI

Dieses belebende Gericht besteht aus wirklich einfach erhältlichen Zutaten, die absolut bestechende Geschmackskombinationen ergeben. Unser Süßkartoffelbrei mit Kreuzkümmel ist die Basis, und wir belegen sie mit knackigen Brokkoliröschen und kräuterigem Tahini-Dressing. Köstlich!

EQUIPMENT: **KOCHTOPF** / **SCHÄLCHEN** / **WOK ODER GROẞE BRATPFANNE**
FÜR **4 PORTIONEN** / VORBEREITUNG: **10 MINUTEN** / KOCHZEIT: **10 MINUTEN**

1 kg Süßkartoffeln, geschält und gewürfelt
½ TL gemahlener Kreuzkümmel
Olivenöl
Salz und Pfeffer
5 EL Tahini
1 Handvoll frische Petersilie (15 g), grob gehackt
Saft von ½ Zitrone
2 Köpfe Brokkoli, in kleine Röschen zerteilt
¼ TL Chiliflocken
2 Knoblauchzehen, abgezogen und in Scheiben geschnitten

1 Die Süßkartoffeln in einen Kochtopf geben und mit kochendem Wasser bedecken. 10 Minuten kochen oder bis sie weich sind. Abgießen und 2 Minuten abdampfen lassen. Süßkartoffeln wieder in den Topf geben und zu Mus zerstampfen, dann den Kreuzkümmel, 2 EL Olivenöl und je etwas Salz und Pfeffer hineinrühren.

2 Inzwischen in einem Schälchen Tahini, Petersilie, Zitronensaft, 4 EL Wasser und je etwas Salz und Pfeffer miteinander verrühren. Wenn das Dressing zu dick ist, noch ein wenig Wasser hinzugeben. Beiseitestellen.

3 Nun einen Wok oder eine große Bratpfanne auf mittlerer Stufe aufsetzen und einen Spritzer Olivenöl hineingeben. Die Brokkoliröschen 2–3 Minuten braten oder bis sie weich und an den Rändern braun sind. Chiliflocken und Knoblauch hinzufügen, 30 Sekunden braten und vom Herd nehmen.

4 Das Süßkartoffelmus zum Servieren auf 4 Teller verteilen, Chili-Brokkoli darauf anrichten und mit Petersilie-Tahini-Dressing beträufeln.

BOWL MIT SRIRACHA-BLUMENKOHL AUS DEM OFEN

Diese Bowl ist quasi eine Momentaufnahme: So kochen wir an Werktagen gern ein schnelles und einfaches Abendessen: würziger Blumenkohl aus dem Ofen, ein Getreide (hier nehmen wir Weizenbulgur), frisches Gemüse und ein schmackhaftes Dressing. Die Methode ist erprobt und klappt in unterschiedlicher Ausführung – Blumenkohl kannst du durch Brokkoli ersetzen und Bulgur durch Reis. Mixe zusammen, was an Salat oder Dressing dir auch immer schmeckt.

EQUIPMENT: **BACKBLECH** / **BACKPAPIER** / **GROßE SCHÜSSEL** / **KOCHTOPF** / **SCHÄLCHEN**
FÜR **3–4 PORTIONEN** /VORBEREITUNG: **10 MINUTEN** / BACKZEIT: **15–20 MINUTEN**

- 2 EL Srirachasoße sowie etwas mehr extra
- 3 EL Ahornsirup
- 1 EL Pflanzenöl
- 1½ EL helle Sojasoße
- 1 großer Blumenkohl, in Röschen zerteilt
- 200 g Weizenbulgur
- 3 EL Tahini
- ½ Salatgurke, in dünne Scheiben geschnitten
- 200 g Radieschen, in dünne Scheiben geschnitten
- 2 TL Sesam

1 Den Ofen auf 220 °C Ober-/Unterhitze (Umluft: 200 °C, Gas: Stufe 7) vorheizen und ein Backblech mit Backpapier auslegen. In einer großen Schüssel Sriracha mit 2 EL Ahornsirup, dem Öl und 1 EL Sojasoße verrühren. Blumenkohlröschen hineingeben und damit vermengen; dann auf dem Backblech verteilen. 15–20 Minuten backen, bis der Blumenkohl noch etwas Biss hat und leicht angeröstet ist.

2 Inzwischen den Weizenbulgur gemäß Packungsanweisung kochen. Für das Dressing in einem Schälchen das Tahini mit ½ EL Sojasoße und 1 EL Ahornsirup verrühren. Esslöffelweise Wasser hinzugeben, bis es geschmeidig ist.

3 Den Bulgur auf Bowls verteilen, Blumenkohl hinzufügen und zum Schluss Salatgurke, Radieschen, je einen Spritzer Tahini-Dressing sowie noch etwas Srirachasoße und Sesam darübergeben.

GLUTENFREI (REIS UND TAMARI-SOJASOßE VERWENDEN)

MINDESTENS 30 MINUTEN

SALAT UND ZERDRÜCKTE NEUE KARTOFFELN

MIT KNOBLAUCHDRESSING

Zerdrückte Kartoffeln sind wieder en vogue und wir sind alle dafür. Wenn man die Knollen aufbricht, kann das Öl besser in die Schale einziehen und man bekommt mit minimalem Aufwand krosse Kartoffeln. Wir finden die Kombination mit dem Dressing unschlagbar. Himmlisch geradezu.

EQUIPMENT: **GROßES BACKBLECH** / **BACKPAPIER ODER ALUFOLIE** / **SCHÜSSEL** / **SCHÄLCHEN**
FÜR **4 PORTIONEN** / VORBEREITUNG: **10 MINUTEN** / BACKZEIT: **50–53 MINUTEN**

1 kg neue Kartoffeln
Olivenöl
Salz und Pfeffer
1 Knoblauchknolle plus 1 Knoblauchzehe
180 g grüne Bohnen, Enden geputzt
2 Romanasalate, geviertelt
1 Zitrone
250 ml veganer Joghurt (wir nehmen Haferjoghurt griechische Art)
50 g grüne Oliven ohne Kern, in Ringe geschnitten
1 großer Bund frischer Dill, Kraut grob zerzupft

1 Ofen auf 220 °C Ober-/Unterhitze (Umluft: 200 °C, Gas: Stufe 7) vorheizen. Kartoffeln auf ein Backblech legen, mit Öl beträufeln und mit Salz und Pfeffer würzen. Vermengen, dann 30 Minuten backen.

2 Die papierartige Schale der Knoblauchknolle entfernen und oben 1 cm abschneiden, mit Olivenöl beträufeln und die Knolle in Backpapier einwickeln und beiseitelegen. Blech aus dem Ofen nehmen und die Kartoffeln mit einer Gabel zerdrücken. Knoblauchknolle auch auf das Blech legen und alles nochmals 10 Minuten backen.

3 Grüne Bohnen und Salatviertel in eine Schüssel geben, mit Olivenöl beträufeln und mit Salz und Pfeffer würzen. Vermengen. Die grünen Bohnen heraussammeln und mit zu Kartoffeln und Knoblauch auf das Backblech geben. 5 Minuten backen.

4 Als Letztes die Salatviertel auf das Blech legen und alles 5–8 Minuten backen, bis der Salat angeröstet ist und die Bohnen weich sind.

5 Knoblauchknolle abkühlen lassen und Zehen herausdrücken und zerkleinern. ½ Zitrone auspressen. Den Saft mit Joghurt und etwas Salz und Pfeffer in ein Schälchen geben. Die einzelne rohe Knoblauchzehe abziehen, würfeln und dazugeben. Verrühren.

6 Zum Schluss die andere Zitronenhälfte über dem ganzen Backblech verteilt auspressen, die Oliven gleichmäßig aufstreuen und das Joghurtdressing mit einem Löffel verteilen. Mit frischem Dill bestreuen und alles mit Olivenöl beträufeln.

GLUTENFREI
1 KOCHGERÄT

PILZ-DATTEL-PASTETE

Pilze klein schneiden? Vergiss es! Pilze im Ganzen zu verarbeiten, ist eine tolle Art und Weise, ihre zarte Textur und das erdige Aroma zu erhalten. Wir kombinieren sie hier mit süßen Datteln – das ist echtes Soulfood. Wenn du Rotwein vermeiden möchtest, kannst du stattdessen 1 EL Balsamicoessig nehmen (nach dem Kochen des Mehls hinzufügen).

EQUIPMENT: **GROßER SCHMOR- ODER KOCHTOPF** / **PASTETENFORM**
FÜR **4 PORTIONEN** / VORBEREITUNG: **10 MINUTEN** / KOCH- UND BACKZEIT: **60 MINUTEN**

- Olivenöl
- 2 Zwiebeln, abgezogen und in Spalten geschnitten
- 500 g braune Champignons
- 4 Knoblauchzehen, abgezogen und fein gehackt
- 1 frischer Zweig Rosmarin, Blätter abgezupft und gehackt
- 3 Lorbeerblätter
- 125 ml veganer Rotwein
- 2 EL Mehl
- 250 g Karotten, in 1 cm dicke Scheiben geschnitten
- 250 ml Gemüsebrühe
- 2 Datteln, ohne Kern und gehackt
- Salz und Pfeffer
- 4 große Kartoffeln

1 Einen großen Schmor- oder Kochtopf auf mittlerer Stufe aufsetzen und einen großzügigen Schuss Olivenöl hineingeben. Zwiebelspalten 4 Minuten braten, dann die ganzen Pilze hinzufügen und 10 Minuten braten.

2 Den Ofen auf 200 °C Ober-/Unterhitze (Umluft: 180 °C, Gas: Stufe 6) vorheizen.

3 Knoblauch, Rosmarin und Lorbeerblätter in den Topf geben und 1 Minute anbraten. Nun den Wein zugießen und 4 Minuten köcheln lassen.

4 Mehl einrühren und 30 Sekunden kochen. Karotten, Brühe und Datteln sowie je etwas Salz und Pfeffer hinzufügen und 2 Minuten köcheln lassen.

5 Pilzfüllung in eine Pastetenform geben. Die Kartoffeln in ½ cm dicke Scheiben schneiden und überlappend auf die Füllung legen. Zum Schluss mit etwas Olivenöl beträufeln und nochmals mit Salz und Pfeffer bestreuen. 40 Minuten backen oder bis die Kartoffeln weich und goldbraun sind.

TIEFKÜHLGEEIGNET

GLUTENFREI (GLUTENFREIES MEHL VERWENDEN)

GNOCCHI ALL'AMATRICIANA

Amatriciana ist eine Pastasoße und stammt aus der Stadt Amatrice in Mittelitalien. Sie wird in der ganzen Region und in römischen Trattorien serviert. Normalerweise bereitet man sie mit Schweinefleisch zu, wir hingegen greifen zu unseren treuen Pilzen und kochen sie mit Sojasoße und Rauchpaprikapulver, um Tiefe und rauchiges Aroma zu erzeugen. Dann kombinieren wir sie mit einer satten Tomatensoße und weichen Gnocchi.

EQUIPMENT: **BRATPFANNE** / **KOCHTOPF**

FÜR **4 PORTIONEN** / VORBEREITUNG: **10 MINUTEN** / KOCHZEIT: **27 MINUTEN**

Olivenöl

300 g Champignons mit geschlossenem Hut, grob zerkleinert

1 TL Rauchpaprikapulver

2 EL dunkle Sojasoße

1 Zwiebel, abgezogen und fein gehackt

3 Knoblauchzehen, abgezogen und fein gehackt

½ TL Chiliflocken

1 Dose zerkleinerte Tomaten à 400 g

600 g vegane Gnocchi

80 g veganer Parmesan, gerieben

1 Eine Bratpfanne auf mittlerer bis hoher Stufe aufsetzen und etwas Öl darin erhitzen. Pilze 8 Minuten anbraten, dann Rauchpaprikapulver und Sojasoße hinzufügen und 2 Minuten braten. Die Pilze auf einen Teller umfüllen und für später aufbewahren.

2 Wieder etwas Öl in die Pfanne geben und Zwiebel, Knoblauch und Chiliflocken 2 Minuten auf mittlerer bis hoher Stufe braten. Tomaten hinzufügen und auf niedriger Stufe 15 Minuten köcheln lassen.

3 Wenn die Soße noch 5 Minuten zu kochen hat, die Gnocchi gemäß Packungsanweisung zubereiten. Sobald sie im Wasser nach oben steigen, die Gnocchi in die Soße schöpfen und einen guten Schuss Kochwasser, noch ein wenig Öl, den Großteil Parmesan (eine kleine Menge für später aufheben) und die Pilze hinzufügen. Umrühren, bis sich das Ganze schön vermengt hat und die Soße glänzt.

4 Mit noch etwas geriebenem Parmesan bestreuen und servieren.

GLUTENFREI (GLUTENFREIE GNOCCHI UND TAMARI-SOJASOSSE VERWENDEN)

FAMILIENFREUNDLICHER PASTA-AUFLAUF

Unser Kriterium für die Zubereitung von werktäglichen Abendessen ist einfach: Möglichst wenig schmutzig machen. Genau hier kommt dieser schlichte Nudelauflauf mit einem einzigen Kochgerät ins Spiel. Verbrauche irgendeine Pasta – gemischte Penne, Makkaroni und Fusilli werden allesamt Wunder wirken. Falls du keine Oliventapenade bekommen kannst, tut es auch ein veganes Pesto sehr gut. Und Reste kannst du einige Monate lang einfrieren.

EQUIPMENT: **HOHE AUFLAUFFORM / GROßES BACKBLECH ODER ALUFOLIE**
FÜR **4 PORTIONEN** / VORBEREITUNG: **15 MINUTEN** / BACKZEIT: **45–55 MINUTEN**

400 g Pasta (wir nehmen Rigatoni)
50 g veganer Parmesankäse, gerieben, sowie etwas mehr extra
1 Zucchini, gewürfelt
2 rote Paprikaschoten, gewürfelt
2 Dosen zerkleinerte Tomaten à 400 g
3 EL Oliventapenade
2 TL getrockneter Oregano
2 Knoblauchzehen, abgezogen und fein gehackt
Salz und Pfeffer
1 Bund frisches Basilikum (30 g), grob gehackt
Olivenöl

1 Den Ofen auf 200 °C Ober-/Unterhitze (Umluft: 180 °C, Gas: Stufe 6) vorheizen.

2 Pasta, Parmesan, Zucchini, Paprikaschoten, Dosentomaten, Oliventapenade, Oregano und Knoblauch in eine 30 × 20 cm große, hohe Auflaufform geben, zusammen mit großzügig Salz und Pfeffer und 500 ml heißem Wasser direkt aus dem Kocher. Miteinander verrühren, dann die Pasta so tief wie möglich ins Wasser hinunterdrücken. Die Form mit einem großen Backblech oder mit Alufolie abdecken und 45–55 Minuten backen; nach der Hälfte der Zeit umrühren.

3 Zum Schluss das Basilikum hineinrühren. Vor dem Servieren den Nudelauflauf mit Olivenöl beträufeln und mit Pfeffer sowie geriebenem veganem Parmesan bestreuen.

TIEFKÜHLGEEIGNET
1 KOCHGERÄT

AUBERGINEN-BÁNH-MÌ

Das Fleisch einer gebackenen Aubergine wird weich und cremig. Es lässt sich gut in Stücke »reißen« und unseren Lieblingsgerichten beifügen, wie bei diesem vietnamesisch inspirierten Sandwich. Eine hervorragende Möglichkeit, Freunde zu beeindrucken, die diese leckere Frucht bloß für gummiartig und bitter halten.

EQUIPMENT: **BACKBLECH** / **BACKPAPIER** / **KLEINE SCHÜSSEL** / **SCHÄLCHEN**
FÜR **2 PORTIONEN** / VORBEREITUNG: **10 MINUTEN** / BACKZEIT: **35–40 MINUTEN**

2 Auberginen
Pflanzenöl
1 EL dunkle Sojasoße
3 EL Hoisinsoße
2 Knoblauchzehen, abgezogen und gewürfelt
1 Karotte, gestiftelt
½ Salatgurke, in dünne Scheiben geschnitten
Saft von ½ Limette
½ TL feinster Zucker
2 EL vegane Mayonnaise
½ EL Srirachasoße
2 halblange Baguettes
1 Handvoll frischer Koriander (15 g), Blätter abgezupft

1 Den Ofen auf 220 °C Ober-/Unterhitze (Umluft: 200 °C, Gas: Stufe 7) vorheizen und ein Backblech mit Backpapier auslegen. Die Auberginen längs halbieren, das Fleisch mit einem scharfen Messer kreuzweise einschneiden und die Hälften auf das Blech legen. Mit Öl beträufeln und 20–25 Minuten backen, bis sie sehr weich sind.

2 Mit einer Gabel das Fleisch aus den Auberginenhälften in Stücke »reißen«; die Schale entsorgen. Die Auberginenfetzen wieder auf das Backblech geben. Sojasoße, Hoisinsoße und Knoblauch unterziehen und mit noch etwas Öl beträufeln. Aubergine auf dem Blech ausbreiten und nochmals 15 Minuten backen.

3 Inzwischen Karotte und Salatgurke in einer kleinen Schüssel mit Limettensaft und Zucker vermengen. Mayonnaise und Srirachasoße in einem Extraschälchen verrühren.

4 Zum Anrichten der Bánh Mì die Baguettes längs aufschneiden und mit Karotten-Gurken-Salatmischung füllen. Nun die Aubergine auf die beiden Sandwiches verteilen und zum Schluss Korianderblätter und etwas Sriracha-Mayonnaise daraufgeben.

GLUTENFREI (GLUTENFREIE BAGUETTES, HOISIN UND TAMARI-SOJASOSSE VERWENDEN)
PROTEINREICH
1 KOCHGERÄT

Protein
Salt

PASTA MIT REIFEN TOMATEN UND PILZEN

Reife Tomaten sind der Clou in diesem frischen und einfachen Pastagericht: Sie ergeben einen feineren Geschmack als Dosentomaten. Am besten geeignet sind sie in den heißen Sommermonaten, wenn sie am reifsten sind und folglich am intensivsten duften.

EQUIPMENT: **MIXER** / **BRATPFANNE** / **KOCHTOPF**

FÜR **3–4 PORTIONEN** / VORBEREITUNG: **10 MINUTEN** / KOCHZEIT: **33–35 MINUTEN**

- 1 Scheibe Krustenbrot
- 4 Knoblauchzehen, abgezogen und fein gehackt
- 2 frische Zweige Thymian, Blätter abgezupft
- Olivenöl
- Salz und Pfeffer
- 400 g braune Champignons, in Scheiben geschnitten
- 500 g reife Tomaten, gewürfelt
- 2 EL Balsamicoessig
- ½ Gemüsebrühwürfel
- 300 g Pasta (wir nehmen Penne)
- 1 Handvoll frisches Basilikum

1 Das Brot im Mixer fein zerkleinern. Die Brotstreusel mit ¼ des Knoblauchs, den Thymianblättern, 1 Spritzer Öl und je etwas Salz und Pfeffer in eine Bratpfanne geben. 3–5 Minuten braten oder bis die Brotstreusel eine goldene Farbe haben. Die Mischung auf einen Teller schütten und für später beiseitestellen.

2 Die Pfanne sauber wischen, auf mittlerer bis hoher Stufe aufsetzen und etwas Olivenöl hineingeben. Die Pilze 8 Minuten braten, dann den restlichen gehackten Knoblauch hineingeben und 2 Minuten anbraten.

3 Tomaten und Balsamicoessig hinzugeben. Den Brühwürfel in die Soße krümeln und umrühren. Deckel auflegen und die Soße 20 Minuten kochen lassen; gelegentlich umrühren.

4 Inzwischen die Pasta nach Packungsanweisung al dente kochen.

5 Basilikumblätter in die Soße zupfen (ein paar für das Topping später zurücklegen). Die Pasta mit einem Schöpflöffel direkt in die Soße geben und ein wenig Kochwasser hinzufügen, um die Soße geschmeidiger zu machen. Miteinander verrühren. Mit Salz und Pfeffer abschmecken. Zum Servieren mit den Brotstreuseln und den restlichen Basilikumblättern bestreuen.

TIEFKÜHLGEEIGNET (OHNE BROTSTREUSEL)
GLUTENFREI (GLUTENFREIES BROT UND GLUTENFREIE PASTA VERWENDEN)

PERSISCHER REISSALAT MIT EDELSTEINEN

In den letzten Jahren haben wir begeistert die persische Küche erforscht – subtil verwendete Gewürze, feine Aromen und natürlich eine gesunde Besessenheit von Reis. Die goldfarbene Kurkuma und die Granatapfelkerne verleihen diesem Gericht seinen königlichen Titel. Man kann es gleichermaßen gut als Mittagessen, leichtes Abendessen oder köstliche Beilage im Rahmen eines größeren Essens verspeisen.

EQUIPMENT: **KOCHTOPF** / **BRATPFANNE** / **GROßE SCHÜSSEL**
FÜR **4 PORTIONEN** / VORBEREITUNG: **20 MINUTEN** / KOCHZEIT: **20–25 MINUTEN**

200 g brauner Schnellkochreis
½ TL gemahlene Kurkuma
Salz
4 EL Pinienkerne
1 große Handvoll frische Minze (20 g), Blätter abgezupft
1 Granatapfel
5 EL Rosinen
1 Salatgurke, in Scheiben geschnitten
1 rote Zwiebel, klein geschnitten
½ TL gemahlener Zimt
2 EL Olivenöl
Saft von 1 Zitrone
Pfeffer

1 Reis, Kurkuma und eine ordentliche Prise Salz in einen Topf geben. 550 ml Wasser zugießen, Deckel auflegen und etwa 20–25 Minuten köcheln lassen oder bis der Reis weich ist. Falls nötig, überschüssige Flüssigkeit abgießen. Den Reis beiseitestellen und abkühlen lassen.

2 Inzwischen eine Bratpfanne auf mittlerer bis hoher Stufe aufsetzen und die Pinienkerne 2 Minuten rösten, bis sie eine goldene Farbe haben; in eine große Schüssel geben.

3 Die Minzeblätter mit den Händen in kleinere Stücke reißen und in die Schüssel geben (ein paar Blätter für später zum Servieren aufheben).

4 Granatapfel durchschneiden und auf die Schale schlagen, damit alle Kerne herauskommen. Kerne mit den Rosinen, der Salatgurke, der roten Zwiebel, dem Zimt und dem gekochten Reis in die Schüssel geben. Olivenöl und Zitronensaft hinzufügen, vermengen und vor dem Servieren mit Salz und Pfeffer abschmecken.

RISOTTO MIT CAVOLO NERO

Wenn du kannst, nimmst du für dieses Risotto am besten einen Topf mit schwerem Boden. Das trägt zur gleichmäßigen Verteilung der Hitze bei und er macht das stetige Umrühren mit – beides ist ganz entscheidend für ein cremiges Risotto. Wenn du keinen Cavolo nero (auch Palm- oder Schwarzkohl) finden kannst, ersetze ihn durch Grünkohl. Wir heben die Strünke normalerweise auf, kochen sie separat und geben sie in Suppen.

EQUIPMENT: **KOCHTOPF** / **MIXER** / **HOHER TOPF**

FÜR **4 PORTIONEN** / VORBEREITUNG: **10 MINUTEN** / KOCHZEIT: **32–34 MINUTEN**

- 300 g Cavolo nero, ohne Strünke, Blätter zerkleinert
- Schale und Saft von 1 Zitrone
- Olivenöl
- 1,2 l Gemüsebrühe
- 1 Zwiebel, abgezogen und fein gehackt
- 5 Knoblauchzehen, abgezogen und fein gehackt
- 300 g Risottoreis (wir nehmen Arborio)
- 200 ml veganer trockener Weißwein
- 50 g veganer Parmesan, gerieben

1. Die Cavolo-nero-Blätter in einem Topf mit kochendem Wasser 3–4 Minuten kochen, bis sie weich sind. Abgießen und mit Zitronenschale und -saft sowie 1 EL Olivenöl in einen Mixer geben. Zu einer glatten, püreeartigen Masse verarbeiten und beiseitestellen. Den Topf ausspülen, die Brühe hineingießen und zum Köcheln bringen.
2. Inzwischen einen hohen Topf auf mittlerer bis hoher Stufe aufsetzen und etwas Öl darin erhitzen. Die Zwiebel hineingeben und 5 Minuten anbraten. Dann den Knoblauch hinzufügen und 2 Minuten weiterbraten. Risottoreis dazugeben und wiederum 2 Minuten braten, um den Reis zu rösten. Den Wein zugießen und weiterrühren, bis er eingekocht ist (etwa 5 Minuten).
3. Die Brühe – immer je 1 Kelle – hinzugeben und gleichmäßig umrühren, bis der Reis weich ist und das Risotto eine cremige Textur hat (dies müsste etwa 15 Minuten dauern).
4. Das Cavolo-nero-Püree und den geriebenen Parmesan einrühren. Risotto vom Herd nehmen, Deckel auflegen und ein paar Minuten stehen lassen. Dann mit einem Extraschuss Olivenöl servieren.

BUTTERNUSSKÜRBIS-SALBEI-GALETTE

Wenn wir an Butternusskürbis denken, dann oft zugleich an Salbei. Diese Kombination passt geradezu himmlisch zusammen und in dieser schmackhaften Galette haben wir eine exzellente Verwendung für sie. Serviere sie einfach mit deinem Lieblingsgemüse – und nicht vergessen: Reste können 2 oder 3 Tage im Kühlschrank aufbewahrt werden.

EQUIPMENT: **KLEINE SCHÜSSEL** / **GROSSE SCHÜSSEL** / **OFENPFANNE** / **MIXER** / **BACKBLECH** / **BACKPAPIER**

FÜR **6 PORTIONEN** / VORBEREITUNG: **15 MINUTEN** / KOCHZEIT: **55 MINUTEN**

- 80 g Cashewkerne
- 1 Butternusskürbis (1 kg), ohne Schale, gewürfelt, Kerne aufbewahren
- Olivenöl
- Salz und Pfeffer
- 12 frische Salbeiblätter
- ½ Zitrone, ausgepresst
- 6 EL pflanzliche Milch (wir nehmen Hafermilch)
- 2 EL Nährhefe
- 3 EL karamellisierte Zwiebeln aus dem Glas
- 500 g veganer Mürbeteig

1 Den Ofen auf 220 °C Ober-/Unterhitze (Umluft: 200 °C, Gas: Stufe 7) vorheizen. Cashewkerne in ein Schälchen geben und in heißem Wasser einweichen.

2 Den gewürfelten Butternusskürbis mit einem großzügigen Schuss Olivenöl und je etwas Salz und Pfeffer in eine große Schüssel geben. Vermengen, in eine Ofenpfanne füllen und 15 Minuten backen.

3 Die Salbeiblätter mit etwas Olivenöl beträufeln und ebenfalls in die Ofenpfanne zum Kürbis geben. Weitere 10 Minuten backen.

4 Die Kürbiskerne abspülen, abtropfen lassen und beiseitestellen.

5 Cashewkerne abgießen und mit Zitronensaft, der pflanzlichen Milch, Nährhefe und je etwas Salz und Pfeffer zu einer Masse pürieren.

6 Sobald der Butternusskürbis fertig ist, die karamellisierte Zwiebel in die Ofenpfanne geben und mit einem Löffel unterrühren.

7 Ein Backblech mit Backpapier auslegen. Den Teig zu einem Kreis mit etwa 35 cm Durchmesser ausrollen und auf das Blech legen. Die Cashewsoße in der Mitte verstreichen und am Rand rings herum 4 cm frei lassen. Butternusskürbis mit dem Löffel auf die Soße geben und mit den aufbewahrten Kernen bestreuen. Die Teigränder über die Füllung falten; dabei überlappen sie einander. Die Teigränder mit Öl einstreichen und mit Salz bestreuen. 30 Minuten backen oder bis die Kruste goldbraun ist.

GLUTENFREI (GLUTENFREIEN TEIG VERWENDEN)

HARISSA-BOLOGNESE

Rosenharissa hat eine subtilere Schärfe als normales Harissa und du müsstest sie eigentlich in den meisten großen Supermärkten bekommen können. Sie erfindet dieses klassische Pastagericht komplett neu und gibt ihr einen würzigen, rauchigen Kick. Und du kannst sie auch für unsere Harissa-Aubergine (Seite 93) oder die gefüllten Zucchini (Seite 136) gut verwenden.

EQUIPMENT: **GROẞER SCHMOR- ODER KOCHTOPF** / **KOCHTOPF**
FÜR **6 PORTIONEN** / VORBEREITUNG: **10 MINUTEN** / KOCHZEIT: **37 MINUTEN**

Olivenöl
1 Zwiebel, abgezogen und fein gehackt
2 Stangen Staudensellerie, gehackt
2 Karotten, gewürfelt
4 Knoblauchzehen, abgezogen und fein gehackt
2 frische Zweige Rosmarin, Nadeln abgezupft und gehackt
200 ml veganer Rotwein
2 Dosen grüne Linsen à 400 g, abgegossen und abgespült
2 Dosen zerkleinerte Tomaten à 400 g
4 EL Rosenharissa
Salz und Pfeffer
450 g Pasta (wir nehmen Mafaldine)

1 Einen großen Schmor- oder Kochtopf auf mittlerer Stufe aufsetzen und etwas Öl darin erhitzen. Zwiebel, Sellerie und Karotten hineingeben und 8 Minuten braten. Knoblauch und Rosmarin hinzufügen und 2 Minuten braten.

2 Den Wein zugießen und 2 Minuten kochen, dann Linsen, Dosentomaten, Rosenharissa und je etwas Salz und Pfeffer hinzugeben. Die Bolognesesoße zum Kochen bringen. Die Hitze verringern und 25 Minuten köcheln.

3 Inzwischen die Pasta nach Packungsanweisung al dente kochen.

4 Wenn die Soße fertig ist, die Pasta mit einem Schöpflöffel direkt hineinschöpfen und zum Verdünnen ein wenig Kochwasser dazugeben. Gut umrühren und vor dem Servieren mit Salz und Pfeffer abschmecken.

TIEFKÜHLGEEIGNET
GLUTENFREI (GLUTENFREIE PASTA VERWENDEN)

SLOPPY JOE QUESADILLAS

Sloppy Joe wird normalerweise mit Hackfleisch und Worcestersoße zubereitet. Unsere Version stellt eine vegane Kombination aus Linsen und einer ausgewählten Gewürzmischung vor, zusammen mit der traditionelleren Tomatensoße. Hier schichten wir die Mischung in unsere grandiosen Quesadillas, du kannst sie aber auch mit Burgerbrötchen oder sogar Tacos essen.

EQUIPMENT: **2 BRATPFANNEN**

FÜR **6 PORTIONEN** / VORBEREITUNG: **7 MINUTEN** / KOCHZEIT: **32 MINUTEN**

Olivenöl

1 Zwiebel, abgezogen und gewürfelt

3 Knoblauchzehen, abgezogen und gehackt

2 Dosen grüne Linsen à 400 g, abgegossen und abgespült

2 EL Tomatenmark

400 ml passierte Tomaten

1 TL Rauchpaprikapulver

½ TL Chiliflocken sowie etwas mehr extra

1 TL gemahlener Kreuzkümmel

2 TL feinster Zucker

Salz und Pfeffer

6 Tortillafladen

200 g veganer Käse, gerieben (wir nehmen Cheddar-Art)

1 Eine Bratpfanne auf mittlerer bis hoher Stufe aufsetzen und etwas Öl hineingeben. Die Zwiebel 8 Minuten braten, dann Knoblauch hinzugeben und 1 Minute braten.

2 Linsen, Tomatenmark, passierte Tomaten, Gewürze, Zucker und je etwas Salz und Pfeffer hineinrühren. Das Sloppy-Joe-Gemisch zum Köcheln bringen, dann 10 Minuten kochen.

3 Wenn das Gemisch fertig ist, eine saubere Bratpfanne auf mittlerer Stufe aufsetzen und einen Tortillafladen hineinlegen. ⅓ des Käses aufstreuen, dann ⅓ des Sloppy Joe über die gesamte Tortilla verteilen. Mit einem zweiten Tortillafladen bedecken. Von jeder Seite 2–3 Minuten braten (Achtung, vorsichtig wenden!) oder bis sie eine goldene Farbe hat und knusprig ist. Quesadilla aus der Pfanne nehmen und die anderen beiden Quesadillas ebenso zubereiten.

4 Die Quesadillas in je 6 Dreiecke schneiden. Vor dem Servieren mit etwas Öl beträufeln und mit ein paar Chiliflocken bestreuen.

TIEFKÜHLGEEIGNET (NUR DAS LINSENGEMISCH)

GLUTENFREI (GLUTENFREIE TORTILLAS VERWENDEN)

FRANZÖSISCHE ZWIEBEL-PILZ-SUPPE MIT KNOBLAUCHBROT

Ben hat die Liebe zum Kochen von seinem Vater geerbt. Zu dessen Spezialrezepten gehörte eine Suppe, auf der Knoblauchbrot schwamm. Es saugte sich mit der gehaltvollen Soße voll, während die Oberseite unter dem Grill knusprig und goldbraun wurde. Wenn du keinen feuerfesten Topf hast, kannst du alles einfach in einem Kochtopf zubereiten, dann in eine feuerfeste Auflaufform umfüllen und mit Schritt 4 weitermachen.

EQUIPMENT: **HOHER FEUERFESTER TOPF** / **KLEINE SCHÜSSEL**
FÜR **4 PORTIONEN** / VORBEREITUNG: **10 MINUTEN** / KOCHZEIT: **54 MINUTEN**

- 4 EL vegane Butter oder Margarine
- 600 g braune Champignons
- 4 große Zwiebeln (1 kg), abgezogen und fein geschnitten
- Salz
- 3 frische Zweige Thymian, Nadeln abgezupft
- 2 Lorbeerblätter
- 6 Knoblauchzehen, abgezogen und fein gehackt
- 2 EL Mehl
- 200 ml veganer trockener Weißwein
- 500 ml Gemüsebrühe
- 1 TL feinster Zucker
- 1 großes Baguette
- 1 kleine Handvoll frische Petersilie (10 g), gehackt

1. Einen hohen feuerfesten Topf auf mittlerer bis hoher Stufe aufsetzen und 1 EL Butter hineingeben. Die ganzen Pilze 10 Minuten braten oder bis keine Flüssigkeit mehr da ist. Pilze aus dem Topf nehmen und beiseitestellen.
2. Nochmals 1 EL Butter in den Topf geben und die Zwiebeln mit etwas Salz 8–10 Minuten braten oder bis sie braun sind. Thymian- und Lorbeerblätter sowie ⅔ des Knoblauchs hinzufügen, dann die Hitze auf niedrige Stufe verringern und 20 Minuten köcheln; dabei gelegentlich umrühren.
3. Mehl hineingeben und 1 Minute weiterköcheln. Die Hitze auf höhere Stufe stellen, den Wein zugießen und 2 Minuten kochen lassen. Brühe, Zucker und die Pilze hinzugeben und den Eintopf 10 Minuten simmern lassen oder bis die Soße dicker geworden ist.
4. Inzwischen das Baguette in 2 cm dicke Scheiben schneiden. 2 EL Butter mit dem restlichen Knoblauch und der gehackten Petersilie zu Knoblauch-Petersilien-Butter vermengen. Die Brotscheiben auf einer Seite damit bestreichen und mit der gebutterten Seite nach oben auf den Eintopf legen. 3–5 Minuten grillen oder bis das Brot eine goldene Farbe hat.

TIEFKÜHLGEEIGNET (OHNE KNOBLAUCHBROT)
GLUTENFREI (GLUTENFREIES MEHL UND BAGUETTE VERWENDEN)
1 KOCHGERÄT

TOMATEN-FENCHEL-MAKKARONI-SUPPE

Ein Lieblingsgericht unserer Familie. Roxys Liebesbeziehung mit Suppen geht auf ihre polnische Mutter zurück. Roxy findet man – wie ihre Mutter – ständig in der Küche beim Ausprobieren einer neuen »zupa«, wie diese schlichte Variante mit feinem Fenchel, frischen Tomaten und Makkaroni. Letztere kannst du durch jegliche Pasta ersetzen, die du gern isst (wir nehmen auch oft Orzo-Nudeln).

EQUIPMENT: **GROẞER SCHMOR- ODER KOCHTOPF** / **STABMIXER**
FÜR **4–6 PORTIONEN** / VORBEREITUNG: **15 MINUTEN** / KOCHZEIT: **25 MINUTEN**

Olivenöl
1 Zwiebel, abgezogen und in feine Streifen geschnitten
2 Fenchelknollen
6 Knoblauchzehen, abgezogen und dünn geschnitten
1 kg reife Tomaten, grob zerkleinert
1 l Gemüsebrühe
200 g Makkaroni
Salz und Pfeffer
Krustenbrot zum Servieren

1 Einen großen Schmor- oder Kochtopf auf mittlerer Hitze aufsetzen und einen guten Schuss Olivenöl darin erhitzen. Im heißen Öl die Zwiebel 5 Minuten anbraten. Inzwischen die Fenchelknollen halbieren und dann dünn schneiden; das Fenchelgrün zum Garnieren aufbewahren.

2 Fenchel, Knoblauch und Tomaten in den Schmor- oder Kochtopf geben und 10 Minuten braten. Dann die Gemüsebrühe zugießen und die Suppe glatt pürieren.

3 Die Makkaroni in die Suppe geben und 10 Minuten köcheln lassen oder bis die Pasta gar ist. Kosten und mit Salz und Pfeffer abschmecken.

4 Die Suppe mit etwas Öl, schwarzem Pfeffer aus der Mühle und dem Fenchelgrün für eine Extraportion Fenchelaroma servieren; dazu Krustenbrot reichen.

TIEFKÜHLGEEIGNET
GLUTENFREI (GLUTENFREIE PASTA UND GLUTENFREIES BROT VERWENDEN)
1 KOCHGERÄT

ERDNUSSBUTTER-AUBERGINEN MIT ZERSTOßENER GURKE

Eine Salatgurke zu zerstoßen, kommt einem vielleicht befremdlich vor. Es ist jedoch eine Technik aus China, die hilft, das Gemüse zarter zu machen. Dadurch wiederum nimmt es Aromen besser auf und ist damit das perfekte Topping für unsere Erdnussbutter-Aubergine. Wir genießen sie als Mittagessen oder leichtes Abendessen.

EQUIPMENT: **GROßE OFENPFANNE** / **SCHÜSSEL** / **KLEINE SCHÜSSEL**
FÜR **4 PORTIONEN** / VORBEREITUNG: **5 MINUTEN** / KOCHZEIT: **35 MINUTEN**

4 Auberginen
Olivenöl
Salz und Pfeffer
1 Salatgurke
1 TL Chiliöl
2 EL helle Sojasoße
Saft von 1 Limette
120 g weiche Erdnussbutter
2 EL Ahornsirup
2 Frühlingszwiebeln, geschnitten

1 Den Ofen auf 220 °C Ober-/Unterhitze (Umluft: 200 °C, Gas: Stufe 7) vorheizen.

2 Die Auberginen längs halbieren und das Fleisch mit einem scharfen Messer kreuzweise einschneiden. In eine Ofenpfanne legen. Die Schnittflächen mit etwas Olivenöl beträufeln und mit Salz und Pfeffer bestreuen. 30 Minuten backen.

3 Inzwischen mit einer Teigrolle oder der Unterseite eines Kochtopfs auf die Salatgurke schlagen, bis sie zerquetscht ist. Dann in mundgerechte Stücke schneiden und diese mit ½ TL Chiliöl, 1 EL heller Sojasoße und der Hälfte des Limettensafts in eine Schüssel geben. Vermengen und beiseitestellen.

4 In einer kleinen Schüssel die Erdnussbutter mit 1 EL heller Sojasoße, dem Ahornsirup, dem restlichen Limettensaft und 5 EL Wasser verrühren.

5 Auberginen aus dem Ofen nehmen. Die Erdnusssoße auf die gesamten Flächen der Auberginenhälften streichen und darauf achten, dass das meiste in die Einschnitte eindringt. Nochmals 5 Minuten backen.

6 Zum Servieren die zerstoßene Gurke und die geschnittenen Frühlingszwiebeln auf die Auberginen geben und alles mit dem restlichen ½ TL Chiliöl beträufeln.

GLUTENFREI (TAMARI-SOJASOßE VERWENDEN)
1 KOCHGERÄT

SALAT MIT ROTE BETE, RADICCHIO UND FETADRESSING

Rote Bete ist nahezu ganzjährig erhältlich, am zartesten (und süßesten) ist sie jedoch in den Sommermonaten. Wir kombinieren ihr charakteristisches erdiges Aroma gern mit säuerlichem veganem Feta. Den verarbeiten wir in der Küchenmaschine mit Joghurt zu einem seidig-geschmeidigen Dressing.

EQUIPMENT: **OFENPFANNE** / **KÜCHENMASCHINE**
FÜR **6 PORTIONEN** / VORBEREITUNG: **10 MINUTEN** / KOCHZEIT: **28–30 MINUTEN**

- 400 g rohe Rote Bete, geschält und in Spalten geschnitten
- Olivenöl
- Salz und Pfeffer
- 80 g Walnüsse
- 150 g veganer Feta, grob in Würfel geschnitten
- 150 g veganer Joghurt (wir verwenden Haferjoghurt griechische Art)
- Saft von 1 Zitrone
- 250 g Radicchio
- 2 rote Äpfel, ohne Kerngehäuse, in dünne Spalten geschnitten
- 1 Handvoll frischer Dill (15 g), grob gehackt

1 Den Ofen auf 220 °C Ober-/Unterhitze (Umluft: 200 °C, Gas: Stufe 7) vorheizen. Rote Bete in eine Ofenpfanne geben und mit Olivenöl beträufeln. Mit Salz und Pfeffer bestreuen. Vermengen und 25 Minuten backen, dann aus dem Ofen nehmen. Walnüsse hinzugeben und alles zusammen nochmals 3–5 Minuten backen oder bis die Rote Bete weich ist, aber noch etwas Biss hat und die Walnüsse geröstet sind.

2 In der Zwischenzeit für das Fetadressing den Feta, Joghurt und die Hälfte des Zitronensafts in der Küchenmaschine zu einer glatten Masse verarbeiten; die Seiten mit einem Schaber zwischendurch abziehen. Kosten und nach Belieben abschmecken.

3 Das untere Drittel des Radicchio abschneiden. Die Blätter lösen, abspülen und trocken tupfen. Auf einem Servierteller arrangieren und Rote Bete und Äpfel darauf anrichten. Mit Dill sowie je etwas Salz und Pfeffer bestreuen.

4 Das meiste Fetadressing in Klecksen daraufgeben. Darauf achten, dass die Walnüsse gleichmäßig verteilt sind. Zum Schluss etwas Olivenöl und den restlichen Zitronensaft darüberträufeln. Das übrige Fetadressing in ein Schälchen füllen und dazu servieren.

GLUTENFREI
1 KOCHGERÄT

JAMAIKANISCHES TOFU-CURRY

Was wir immer wieder gern mögen: Etwas Roti-Brot abreißen und damit dieses zitronig-scharfe jamaikanische Curry mit Kohlrohkost »aufschaufeln«. Wir ziehen ein mildes Currypulver vor – oder eines mit der Bezeichnung »jamaikanisch« –, denn es ist nicht so scharf und duftet stärker.

EQUIPMENT: **SCHÜSSEL** / **GROẞE BESCHICHTETE BRATPFANNE**
FÜR **4 PORTIONEN** / VORBEREITUNG: **15 MINUTEN** / KOCHZEIT: **30 MINUTEN**

200 g Rotkohl, fein geschnitten
200 g Weißkohl, fein geschnitten
Saft von 1 Zitrone
Salz und Pfeffer
400 g extrafester Tofu, abgetropft
2 EL Maismehl
2 TL mildes Currypulver
Pflanzenöl
1 Zwiebel, abgezogen und fein gehackt
3 Knoblauchzehen, abgezogen und fein gehackt
½ Daumenlänge frischer Ingwer (15 g), geschält und fein gehackt
½ TL gemahlenes Piment
2 Tomaten, grob zerkleinert
2 Chilischoten Scotch Bonnet
4 EL vegane Mayonnaise
4 Roti-Brotfladen

1 Rot- und Weißkohl in eine Schüssel geben und Zitronensaft sowie je etwas Salz und Pfeffer hinzufügen. Miteinander vermengen und während der nächsten Schritte ziehen lassen.

2 Den Tofu in mundgerechte Bissen zerpflücken. Maismehl auf einem Teller mit 1 TL Currypulver und großzügig Salz und Pfeffer vermischen. Die Tofustücke von allen Seiten im Maismehlgemisch wenden. In einer beschichteten Bratpfanne etwas Öl auf mittlerer Stufe erhitzen und den Tofu 8 Minuten braten, bis er eine goldene Farbe hat. Auf einen Teller geben.

3 Noch etwas Öl in die Pfanne geben und Zwiebel, Knoblauch und Ingwer 3 Minuten braten. 1 TL Currypulver mit Piment hinzufügen und 1 Minute braten, dann die Tomaten dazugeben und 3 Minuten braten.

4 Nun die Chilischoten hineingeben (wir lassen sie ganz, das verleiht dem Curry ein herrliches Aroma, macht es aber nicht zu scharf) sowie 400 ml Wasser und großzügig Salz und Pfeffer. Das Curry auf niedriger Stufe 15 Minuten köcheln lassen. Den Tofu wieder hineinrühren, Pfanne vom Herd nehmen und die Chilischoten entsorgen.

5 Zum Schluss den Kohl mit der Mayonnaise verrühren und zu Curry und Roti-Brot servieren.

TIEFKÜHLGEEIGNET (NUR DAS CURRY)
GLUTENFREI (GLUTENFREIE ROTI-BROTE VERWENDEN)
PROTEINREICH
1 KOCHGERÄT

ROXYS BIGOS

Bigos, auch bekannt als Jäger- oder Krauteintopf, zählt zu Roxys liebsten polnischen Gerichten und sie verbindet sehr schöne Kindheitserinnerungen damit. Eine herzhafte Mahlzeit, die ein warmes Gefühl im Bauch hinterlässt, sowohl bildlich als auch wörtlich genommen. Getrocknete Wacholderbeeren findest du im Supermarkt bei den Kräutern und Gewürzen. Du kannst sie jedoch durch ein paar frische Zweige Rosmarin ersetzen, wenn du dies lieber magst.

EQUIPMENT: **GROẞER SCHMOR- ODER KOCHTOPF**

FÜR **4–6 PORTIONEN** / VORBEREITUNG: **5 MINUTEN** / KOCHZEIT: **52 MINUTEN**

- Olivenöl
- 8 vegane Würstchen (wir nehmen Chorizo-Art)
- 1 Zwiebel, abgezogen und gehackt
- 300 g junge Champignons mit geschlossenem Hut, in Scheiben geschnitten
- 3 Lorbeerblätter
- ½ TL Kümmelsamen
- 1 TL Wacholderbeeren, zerstoßen
- 1 TL Rauchpaprikapulver
- 1 Dose zerkleinerte Tomaten à 400 g
- 1 l Gemüsebrühe
- 600 g Sauerkraut
- 400 g Weißkohl, fein gehobelt
- 2 EL Tomatenmark
- Salz und Pfeffer
- 1 Handvoll frische Petersilie (15 g), grob gehackt
- Krustenbrot zum Servieren

1. Einen großen Schmor- oder Kochtopf auf mittlerer bis hoher Stufe aufsetzen und etwas Öl darin erhitzen. Die Würstchen 5 Minuten braten oder bis sie angeröstet sind. Herausnehmen, die Flüssigkeit im Topf lassen. Die Würstchen in je 3 Stücke schneiden und beiseitestellen.
2. Noch etwas Öl in denselben Topf auf mittlerer bis hoher Stufe geben und die Zwiebel 5 Minuten anbraten oder bis sie glasig ist. Pilze hinzufügen und 10 Minuten braten oder bis sie Farbe bekommen.
3. Lorbeerblätter, Kümmel, Wacholderbeeren und Paprikapulver hinzugeben und 2 Minuten braten. Tomaten, Brühe, Sauerkraut, Kohl, Tomatenmark und Würstchen hinzugeben. Mit Salz und Pfeffer würzen. Das Bigos zum Kochen bringen, die Hitze verringern und 30 Minuten auf mittlerer Stufe köcheln.
4. Zum Schluss in Bowls servieren, mit etwas gehackter Petersilie bestreuen und Krustenbrotscheiben hineintunken.

TIEFKÜHLGEEIGNET

GLUTENFREI (GLUTENFREIES BROT VERWENDEN)

1 KOCHGERÄT

KÜRBIS-KICHERERBSEN-EINTOPF NACH MAROKKANISCHER ART

Bei uns zu Hause ist Herbst gleichbedeutend mit Butternusskürbis. Sobald der Sommer zu Ende geht, gibt es einen stetigen Vorrat davon für Currys, Pasteten und Eintöpfe. Dieser marokkanisch inspirierte Eintopf birgt Aromen, die wir aus jener Region lieben, darunter aromatische Gewürze, Aprikosen, Oliven und Zitrone. Manchmal servieren wir ihn als Teil eines größeren Essens, oder wir essen ihn einfach mit Krustenbrot und Salat.

EQUIPMENT: **BACKBLECH** / **KOCHTOPF**

FÜR **4 PORTIONEN** / VORBEREITUNG: **10 MINUTEN** / KOCHZEIT: **32 MINUTEN**

- 1 Butternusskürbis
- Olivenöl
- Salz und Pfeffer
- 1 TL gemahlener Zimt
- 1 Zwiebel, abgezogen und fein geschnitten
- 8 Kardamomkapseln, Samen gehackt oder zerstoßen
- 5 Knoblauchzehen, abgezogen und fein gehackt
- 2 TL Kreuzkümmelsamen
- 2 Dosen zerkleinerte Tomaten à 400 g
- 2 Dosen Kichererbsen à 400 g, abgegossen und abgespült
- 12 getrocknete Aprikosen, grob gehackt
- 80 g grüne Oliven ohne Kern in Salzlake sowie 4 EL Salzlake
- Saft von ½ Zitrone
- 1 Handvoll frische Minze (15 g), Blätter abgezupft

1 Den Ofen auf 200 °C Ober-/Unterhitze (Umluft: 180 °C, Gas: Stufe 6) vorheizen. Butternusskürbis schälen, längs halbieren, die Kerne herausnehmen und das Fruchtfleisch in 1 cm dicke Ringe schneiden. Die Kürbisscheiben auf ein Backblech legen, mit Olivenöl beträufeln sowie mit Salz, Pfeffer und Zimt bestreuen. Vermengen und 30 Minuten backen oder bis er weich ist.

2 Inzwischen in einem Topf etwas Öl erhitzen und die Zwiebel 5 Minuten anbraten. Zerstoßene Kardamomsamen, Knoblauch und Kreuzkümmelsamen hinzufügen und 2 Minuten braten.

3 Dosentomaten zugießen. Die Dosen mit etwas Wasser ausspülen und das Wasser ebenfalls in den Topf geben. Kichererbsen und Aprikosen hinzufügen und den Eintopf zum Kochen bringen. Die Hitze auf leises Köcheln verringern und 25 Minuten kochen.

4 Die Oliven und 4 EL Salzlake aus dem Glas einrühren, Zitronensaft hinzufügen. Zum Servieren den Eintopf auf den Ofenkürbis geben und das Ganze mit Minzeblättern bestreuen.

TIEFKÜHLGEEIGNET
GLUTENFREI

SAMOSA-RÖLLCHEN MIT KICHERERBSEN UND SPINAT

Die Füllung dieser Samosa-Röllchen ist von einem unserer Lieblingscurrys inspiriert: Chana Saag. Kichererbsen und Spinat werden in einer mild gewürzten Soße gekocht. Das Ergebnis ist eine teuflisch nach mehr schmeckende Kombination aus luftigem Teig, duftendem Curry und süßem Mangochutney. Lecker!

EQUIPMENT: **BRATPFANNE** / **BACKBLECH**/ **BACKPAPIER**
ERGIBT **8 RÖLLCHEN** / VORBEREITUNG: **10 MINUTEN** / KOCHZEIT: **28–33 MINUTEN**

Pflanzenöl

1 Schalotte, abgezogen und fein gehackt

2 Knoblauchzehen, abgezogen und fein gehackt

1 TL Garam Masala

½ TL Fenchelkörner

200 g Kichererbsen aus der Dose, abgetropft und abgespült

2 EL Tomatenmark

80 g junger Spinat

80 g Tiefkühlerbsen

Salz und Pfeffer

1 Platte veganer Blätterteig à 320 g

2 EL Mangochutney sowie etwas mehr extra

1 Eine Bratpfanne auf mittlerer Stufe aufsetzen, ein wenig Öl darin erhitzen. Schalotte und Knoblauch 2 Minuten darin anbraten. Garam Masala und Fenchelkörner hinzugeben und 1 Minute braten. Kichererbsen dazugeben, die Dose zur Hälfte mit Wasser füllen und in die Pfanne gießen, Tomatenmark dazugeben. 3 Minuten kochen und dabei die Kichererbsen mit dem Rücken eines Holzlöffels zerdrücken, bis sie größtenteils zerkleinert sind.

2 Spinat, Tiefkühlerbsen und großzügig Salz und Pfeffer hinzugeben. 2 Minuten kochen oder bis das Gemisch nicht mehr feucht ist. Auf einen Teller umfüllen und abkühlen lassen.

3 Inzwischen den Ofen auf 200 °C Ober-/Unterhitze (Umluft: 180 °C, Gas: Stufe 6) vorheizen und ein Backblech mit Backpapier auslegen. Blätterteigplatte entrollen; die lange Seite zu sich hindrehen. Ganz mit Mangochutney bestreichen. Sobald die Kichererbsenfüllung abgekühlt ist, die Füllung auf dem Teig verstreichen; dabei 2 cm Rand lassen. Die Teigplatte, am längeren Rand beginnend, wie eine Biskuitrolle aufrollen und die Rolle in 8 Stücke schneiden. Diese mit der Schnittfläche nach oben auf das mit Backpapier ausgelegte Blech legen und jeweils 2 cm Abstand lassen. 20–25 Minuten backen oder bis die Röllchen goldbraun sind.

4 Die Röllchen aus dem Ofen nehmen und die Oberseiten mit noch etwas Chutney einpinseln. Servieren.

TIEFKÜHLGEEIGNET
GLUTENFREI (GLUTENFREIEN BLÄTTERTEIG VERWENDEN)

TARTE MIT LAUCH, ARTISCHOCKEN, KÄSE UND CHILI

Fertiger Blätterteig ist die Rettung, wenn man zu Hause etwas Unkompliziertes kochen möchte, und herzhafte Tartes gehören zu den leichtesten (und köstlichsten) Verwendungszwecken. Unsere Methode ist immer gleich: Eine Schicht Relish oder Chutney, danach eine Grundlage aus Käse und schließlich Gemüsebelag. Relish ist generell nicht so süß wie Chutney, oft tauschen wir sie jedoch aus.

EQUIPMENT: **BACKPAPIER** / **BACKBLECH** / **BRATPFANNE**
FÜR **4 PORTIONEN** / VORBEREITUNG: **10 MINUTEN** / KOCHZEIT: **25 MINUTEN**

- 1 Platte veganer Blätterteig à 320 g
- 2 EL vegane Butter oder Margarine
- 2 EL Mehl
- 250 ml pflanzliche Milch (wir nehmen Hafermilch)
- 50 g veganer Käse, fein gerieben (wir nehmen Cheddar-Art)
- 150 g Artischocken aus dem Glas, geviertelt
- 1 Stange Lauch, in dünne Ringe geschnitten
- Salz und Pfeffer
- 2 EL Chili-Relish oder Chili-Chutney

1. Den Ofen auf 220 °C Ober-/Unterhitze (Umluft: 200 °C, Gas: Stufe 7) vorheizen. Die Blätterteigplatte – auf ihrem eigenen Backpapier – entrollen und auf ein großes Backblech legen. Rings herum einen Rand von 1 cm einritzen und den mittleren Bereich mehrmals mit einer Gabel einstechen. Dann 10 Minuten backen.
2. Für die käsige Béchamelsoße die Butter in einer Bratpfanne auf mittlerer Stufe schmelzen. Das Mehl hineingeben und 1–2 Minuten mit einem Holzlöffel rühren, bis beides vermischt ist. Die Milch zugießen und weiterrühren, bis die Soße glatt und dick geworden ist – dies dauert etwa 5–8 Minuten (kann mit einem Schneebesen gemacht werden, damit die Mehlklümpchen aufgelöst werden). Den veganen Käse in die Soße geben und umrühren, bis er geschmolzen ist, dann die Pfanne vom Herd nehmen.
3. Dicke Artischockenviertel halbieren, dann alle Artischocken mit Lauch und je etwas Salz und Pfeffer in die Käsesoße rühren.
4. Wenn der Mittelbereich des Blätterteigs aufgebläht ist, diesen behutsam hinunterdrücken. Chili-Relish auf dem Teig verstreichen (nicht auf dem abgegrenzten Rand) und die Käsefüllung darauf verteilen. 10–15 Minuten backen oder bis der Teig goldbraun ist. Zum Servieren in 4 Teile schneiden. Dazu passt ein grüner Salat.

TIEFKÜHLGEEIGNET
GLUTENFREI (GLUTENFREIEN BLÄTTERTEIG UND GLUTENFREIES MEHL VERWENDEN)

DAL MIT BUTTERNUSSKÜRBIS AUS DEM OFEN
UND KNUSPRIGEN SCHALOTTEN

Unsere Tochter Maya ist ganz verrückt nach Dal und wir kreieren immerzu neue Variationen für sie, darunter auch diese mit Butternusskürbis. Oft gibt es bei uns warmes Roti- oder Naan-Brot dazu. Oder wir essen es einfach pur zum Mittagessen.

EQUIPMENT: **GROẞE OFENPFANNE** / **KLEINE PFANNE** / **GROẞER SCHMOR- ODER KOCHTOPF**
FÜR **4 PORTIONEN** / VORBEREITUNG: **15 MINUTEN** / KOCHZEIT: **29 MINUTEN**

- 1 Butternusskürbis (1,1 kg), geschält und gewürfelt
- Pflanzenöl
- Salz und Pfeffer
- 1 TL Fenchelsamen
- 3 Schalotten, abgezogen und dünn geschnitten
- 6 Knoblauchzehen, abgezogen und fein gehackt
- 1 Daumenlänge frischer Ingwer, geschält und fein gehackt
- 1 EL Kreuzkümmelsamen
- 2 grüne Chilischoten
- 4 reife Tomaten, grob zerkleinert
- 1 TL gemahlene Kurkuma
- 2 TL Garam Masala
- 350 g rote Linsen

1 Den Ofen auf 200 °C Ober-/Unterhitze (Umluft: 180 °C, Gas: Stufe 6) vorheizen. Kürbiswürfel in eine große Ofenpfanne geben, mit Pflanzenöl beträufeln und Salz, Pfeffer sowie die Fenchelsamen darüberstreuen. Vermengen und 25 Minuten bracken oder bis sie weich sind.

2 Inzwischen einen großzügigen Schuss Pflanzenöl in eine kleine Pfanne geben, sodass der Boden bedeckt ist. 2 Schalotten mit 1 Prise Salz in die Pfanne geben und die Pfanne auf niedriger bis mittlerer Stufe aufsetzen. 10 Minuten braten oder bis die Schalotten braun und knusprig sind. Auf einen Teller geben und beiseitestellen.

3 Knoblauch, Ingwer, Kreuzkümmelsamen und die restlichen Schalotten mit etwas Öl in einen großen Schmor- oder Kochtopf geben. Die Chilischoten mehrmals einstechen und in den Topf geben. Alles 2 Minuten braten. Tomaten, Kurkuma und Garam Masala dazugeben, umrühren und 5 Minuten kochen.

4 Die Linsen und 1,2 l heißes Wasser aus dem Kocher hinzufügen. Das Dal zum Kochen bringen, dann die Hitze verringern und 10–15 Minuten köcheln lassen.

5 Zum Schluss den Butternusskürbis ins Dal rühren, mit Salz abschmecken und die knusprigen Schalotten daraufgeben.

TIEFKÜHLGEEIGNET
GLUTENFREI
PROTEINREICH

DESSERTS

SCHMELZENDE SCHOKOLADENBROWNIES

Schokoladenbrownies zählen zu den Bausteinen für ein glückliches Leben. Wir zumindest sind zu dieser Überzeugung gelangt. Diese bewährten Leckereien geben dir genau das, was du von einem Brownie erwartest: ein herrlich schmelzendes Inneres, umhüllt von süßem, klebrigem Kuchen.

EQUIPMENT: **QUADRATISCHE BACKFORM** / **BACKPAPIER** / **KRUG** / **KLEINER TOPF** / **GROßE SCHÜSSEL**

ERGIBT **9 BROWNIES** / VORBEREITUNG: **10 MINUTEN** / BACKZEIT: **30–35 MINUTEN PLUS 15 MINUTEN** ABKÜHLZEIT

150 ml ungesüßte Sojamilch
1 EL Apfelessig
180 g vegane dunkle Schokolade, 70 %, grob zerkleinert
100 g vegane Butter oder Margarine
300 g feinster Zucker
120 g Mehl
80 g Kakaopulver
Salz

1 Den Ofen auf 180 °C Ober-/Unterhitze (Umluft: 160 °C, Gas: Stufe 4) vorheizen. Boden und Seiten einer quadratischen Backform (Seitenlänge ca. 20 cm) mit Backpapier auslegen und darauf achten, dass das Papier bis an die Oberkante reicht.

2 Sojamilch und Apfelessig in einem Krug verrühren und beiseitestellen. Die Milch wird zu veganer Buttermilch gerinnen.

3 Dunkle Schokolade und vegane Butter in einem kleinen Topf auf niedriger Stufe aufsetzen und unter gelegentlichem Umrühren 3–5 Minuten erwärmen oder bis beides geschmolzen ist; vom Herd nehmen.

4 In einer großen Schüssel Zucker, Mehl und Kakaopulver mit 1 Prise Salz vermischen. Das geschmolzene Schokoladengemisch und die vegane Buttermilch hinzugeben und zu einem glatten Teig verrühren. Das Brownie-Gemisch in die vorbereitete Backform füllen und mit einem Spatel zu gleichmäßiger Höhe glatt streichen.

5 30–35 Minuten backen oder bis beim Einstechen eines Holzstäbchens noch ein kleines bisschen Teig haften bleibt. 15 Minuten lang etwas abkühlen lassen, dann die Brownies mithilfe des Backpapiers aus der Form nehmen und in 9 Quadrate schneiden. In einem luftdichten Behälter aufbewahrt halten sie sich 3–4 Tage bei Zimmertemperatur oder 1 Woche im Kühlschrank.

GLUTENFREI (GLUTENFREIES MEHL VERWENDEN)

GEWÜRZTER APFEL-PFANNKUCHEN VOM BLECH

Pfannkuchen sind nicht immer die allerpraktischste Option, vor allem dann nicht, wenn viele Münder zu sättigen sind. Diese Variante aus dem Ofen – bei uns zu Hause liebevoll »der Pfannkuchenriese« genannt – befreit vom lästigen Pfannkuchen-Wendemanöver. Du kannst auch mit eigenen Belägen experimentieren, falls du das lieber magst.

EQUIPMENT: **AUFLAUFFORM** / **KRUG** / **KOCHTOPF** / **GROSSE SCHÜSSEL**
FÜR **12 PERSONEN** / VORBEREITUNG: **10 MINUTEN** / KOCH- UND BACKZEIT: **25 MINUTEN**

- 6 EL vegane Butter oder Margarine sowie Butter oder Margarine zum Einfetten
- 400 ml ungesüßte Sojamilch
- Saft von 1 Zitrone
- 5 rote Äpfel
- 6 EL Ahornsirup plus Ahornsirup zum Servieren
- ½ TL gemahlener Zimt
- 250 g Mehl sowie etwas mehr extra
- 1 EL Backpulver
- Salz
- ½ TL Vanilleextrakt
- vegane Eiscreme zum Servieren (optional)

1 Den Ofen auf 200 °C Ober-/Unterhitze (Umluft: 180 °C, Gas: Stufe 6) vorheizen. Boden und Seiten einer ca. 28 × 20 cm großen Auflaufform mit veganer Butter einfetten.

2 Sojamilch und Zitronensaft in einem Krug verrühren und beiseitestellen. Die Milch wird zu veganer Buttermilch gerinnen.

3 Die Kerngehäuse aus den Äpfeln schneiden und die Äpfel in 1 cm dicke Spalten zerteilen. Die Butter, 5 EL Ahornsirup und den Zimt in einem Topf auf mittlerer Stufe aufsetzen und ein paar Minuten erhitzen, bis die Butter geschmolzen und alles vermischt ist. Die Apfelspalten hineinrühren und 6 Minuten köcheln lassen oder bis die Äpfel weitgehend weich sind. 2 TL Mehl einrühren und nochmals 2 Minuten kochen oder bis die Soße dick geworden ist.

4 In einer großen Schüssel das restliche Mehl, Backpulver und 1 kleine Prise Salz vermischen. Vanilleextrakt, den restlichen EL Ahornsirup und die vegane Buttermilch zugießen. Vermengen.

5 Pfannkuchenteig in die vorbereitete Form gießen. Mit einer Gabel die Apfelstücke aus dem Topf nehmen und auf dem gesamten Pfannkuchenteig verteilen; der Kochsaft (Karamell) bleibt zur späteren Verwendung im Topf. Den Pfannkuchen 15 Minuten backen.

6 Karamell auf dem ganzen Pfannkuchen verteilen. Falls gewünscht, den Pfannkuchen mit noch etwas Ahornsirup sowie Eiscreme servieren. Reste einwickeln und in einem luftdichten Behälter 2–3 Tage im Kühlschrank aufbewahren oder bis zu 1 Monat einfrieren.

TIEFKÜHLGEEIGNET

VERSUNKENER ERDBEERKUCHEN

Bei dieser Köstlichkeit werden die Früchte direkt in die Backform gegeben und dann mit der Teigmischung bedeckt. Der unkomplizierte Kuchen könnte nicht einfacher sein, und die Kombination aus frischen Erdbeeren, luftig-leichtem Teig und veganer Eiscreme ist die Erfüllung unserer Träume.

EQUIPMENT: **AUFLAUFFORM** / **SCHÜSSEL** / **KLEINER TOPF**
FÜR **6 PORTIONEN** / VORBEREITUNG: **10 MINUTEN** / BACKZEIT: **25–30 MINUTEN**

- 650 g Erdbeeren, geputzt, halbiert
- Saft von 1 Zitrone
- 1½ EL Maismehl
- 1½ EL Erdbeermarmelade
- 180 g Mehl
- 100 g feinster Zucker
- 1 TL Backpulver
- 170 g vegane Butter oder Margarine
- 1 EL Vanilleextrakt
- vegane Vanilleeiscreme zum Servieren

1 Den Ofen auf 200 °C Ober-/Unterhitze (Umluft: 180 °C, Gas: Stufe 6) vorheizen.

2 Erdbeeren, Zitronensaft, Maismehl und Marmelade in eine etwa 22 × 33 cm große Auflaufform füllen und gründlich miteinander vermengen.

3 Mehl, Zucker und Backpulver in eine Schüssel geben. Die Butter entweder in der Mikrowelle oder in einem kleinen Topf schmelzen, Vanilleextrakt hinzugeben und über die trockenen Zutaten gießen. Verrühren, bis sich alles vermischt hat, dann die Kuchenmischung auf die Erdbeeren schöpfen und mit dem Löffelrücken gleichmäßig verstreichen.

4 25–30 Minuten backen oder bis der Kuchen eine goldene Farbe hat und die Füllung Blasen wirft. Ein paar Minuten ruhen lassen, dann mit etwas Eiscreme servieren. Reste einwickeln und in einem luftdichten Behälter 2–3 Tage im Kühlschrank aufbewahren oder bis zu 1 Monat einfrieren.

TIEFKÜHLGEEIGNET
GLUTENFREI (GLUTENFREIES MEHL VERWENDEN)

TARTE MIT SOMMERFRÜCHTEN UND CHIASAMEN

Diese herrliche Tarte kannst du als »Unterlage« für jedwedes Obst nehmen, das du gerne isst. Backe einfach den Teig, gib den Joghurt mit Chiasamen darauf und belege das Ganze mit Bananen, Kiwis, Mango oder Trauben – was auch immer du gerade aufbrauchen musst.

EQUIPMENT: **KLEINE SCHÜSSEL** / **GROßES BACKBLECH** / **BACKPAPIER**
FÜR **8 PORTIONEN** / VORBEREITUNG: **10 MINUTEN** / BACKZEIT: **10–15 MINUTEN PLUS 20 MINUTEN** ABKÜHLZEIT

2 TL Chiasamen
½ EL Vanilleextrakt
240 g veganer Joghurt (wir nehmen Haferjoghurt)
1 EL Ahornsirup sowie etwas mehr extra
1 Platte à 320 g veganer Blätterteig
3 reife Nektarinen, halbiert und in 1 cm große Spalten geschnitten
150 g gemischte Beeren (wir nehmen Erdbeeren, Blaubeeren und Himbeeren)
ein paar frische Minzeblätter

1 Den Ofen auf 200 °C Ober-/Unterhitze (Umluft: 180 °C, Gas: Stufe 6) vorheizen.

2 In einer kleinen Schüssel die Chiasamen mit Vanilleextrakt, Joghurt und Ahornsirup verrühren. Während der nächsten Schritte in den Kühlschrank stellen.

3 Den Teig auf einem großen Backblech ausrollen; das enthaltene Backpapier darunter lassen (falls nötig, das Backpapier für das Blech passend zurechtschneiden). Rings herum einen 1 cm breiten Rand einritzen und die Mitte mit einem Messer mehrfach einstechen, damit der Dampf entweichen kann. Die ganze Teigplatte mit Ahornsirup bestreichen und 10–15 Minuten backen oder bis sie goldbraun ist.

4 Wenn der Teig fertig gebacken ist, die Mitte hinunterdrücken, falls sie sich aufgebläht hat. 20 Minuten abkühlen lassen.

5 Chia-Joghurt auf dem Blätterteig verstreichen, den Rand frei lassen. Mit dem Obst belegen. Zum Schluss nochmals zusätzlich mit Ahornsirup beträufeln und mit Minzeblättern bestreuen. Sofort verzehrt schmeckt die Tarte am besten, Reste können aber in einem luftdichten Behälter 1–2 Tage im Kühlschrank aufbewahrt werden.

GLUTENFREI (GLUTENFREIEN BLÄTTERTEIG VERWENDEN)
1 KOCHGERÄT

FESTTAGSTORTE

Wir werden oft um Rezepte für Geburtstagskuchen gebeten, daher war uns klar: Wir müssen eine Festtagstorte in dieses Kochbuch aufnehmen. Die weichen, biskuitartigen Kokosböden werden dick mit Buttercreme bestrichen und mit Obst in den schönsten Farben belegt.

EQUIPMENT: **2 KUCHENFORMEN** / **BACKPAPIER** / **GROßE SCHÜSSEL** / **SCHNEEBESEN**
FÜR **16 PORTIONEN** / VORBEREITUNG: **20 MINUTEN** / BACKZEIT: **25–30 MINUTEN PLUS 2 STUNDEN** ABKÜHLZEIT

- 100 g vegane Margarine sowie Margarine zum Einfetten
- 300 g Mehl
- 120 g Kokosraspel
- 250 g feinster Zucker
- 1½ TL Backpulver
- ½ TL Backsoda
- 300 ml vollfette Kokosmilch aus der Dose
- 100 ml Kokosöl, geschmolzen
- abgeriebene Schale und Saft von 1 Zitrone
- 450 g Puderzucker sowie etwas mehr extra
- Obstauswahl (wir nehmen hier Erdbeeren, Johannisbeeren, Kiwis, Himbeeren und Blaubeeren)

1 Den Ofen auf 200 °C Ober-/Unterhitze (Umluft: 180 °C, Gas: Stufe 6) vorheizen. 2 Kuchenformen mit 20 cm Durchmesser mit veganer Margarine einfetten und die Böden mit Backpapier auslegen.

2 Mehl, Kokosraspel, Zucker, Backpulver und Backsoda in eine große Schüssel füllen und mischen. Kokosmilch und -öl, Schale der Zitrone und 1 EL Zitronensaft hinzugeben und alles miteinander verrühren.

3 Teig in die vorbereiteten Kuchenformen füllen. 25–30 Minuten backen oder bis sie fest sind und ein Holzstäbchen beim Einstechen sauber bleibt. Die Kuchenböden 15 Minuten in den Formen abkühlen lassen, auf ein Kuchengitter stürzen und vollständig erkalten lassen.

4 Inzwischen für die Buttercreme vegane Margarine, Puderzucker und 1 EL Zitronensaft in eine Schüssel geben und zu einer geschmeidigen, leichten Creme verquirlen. Falls die Buttercreme zu weich ist, noch etwas Puderzucker hinzugeben.

5 Wenn die Böden kalt sind, einen Boden in die Mitte einer Tortenplatte setzen und mit der Hälfte der Buttercreme bestreichen. Den zweiten Boden daraufsetzen und mit der restlichen Buttercreme bestreichen. Zum Schluss die Früchte klein schneiden und den oberen Tortenboden mit dem gesamten Obst belegen. Übrig gebliebene Tortenstücke halten sich (ohne Obst) bei Zimmertemperatur ein paar Tage; alternativ einwickeln und in einem luftdichten Behälter 5 Tage im Kühlschrank bzw. 1 Monat tiefgekühlt aufbewahren.

TIEFKÜHLGEEIGNET (OHNE OBST)
GLUTENFREI (GLUTENFREIES MEHL VERWENDEN)

AFFOGATO MIT HASELNUSSKROKANT

Affogato al caffè ist ein italienisches Dessert, das man normalerweise in den Sommermonaten genießt – eine simple, aber wirkmächtige Kombination aus eiskaltem Gelato und heißem Espresso. Du wirst dieses Dessert daher relativ zügig verspeisen, sorge also bei unserer Version dafür, dass der köstliche Haselnusskrokant vor dem Servieren fertig ist. Und achte darauf, dass der Topf kleiner ist als das Kochfeld, denn dann wird der Zucker gleichmäßig heiß und flüssig.

EQUIPMENT: **BACKBLECH** / **BACKPAPIER** / **KLEINER TOPF**
FÜR **4 PORTIONEN** / VORBEREITUNG: **10 MINUTEN** / KOCHZEIT: **5 MINUTEN PLUS 30 MINUTEN** ABKÜHLZEIT

Olivenöl
100 g feinster Zucker
2 EL Haselnüsse
8 Löffelportionen veganes Vanilleeis
4 Shots Kaffee (à 30 ml)
10 g vegane dunkle Schokolade, 70 %, grob zerkleinert

1 Ein Backblech mit Backpapier auslegen und das Papier mit etwas Öl einfetten.

2 Den Zucker und 1 EL Wasser in einen kleinen Topf geben und verrühren. Den Topf nun auf mittlerer Stufe aufsetzen und 5–10 Minuten erhitzen. Das Karamell nicht umrühren oder anderweitig bearbeiten, lediglich den Topf hin und wieder schwenken. Mit der Zeit müsste das Karamell flüssig werden und Blasen werfen. Sobald es eine goldene Farbe hat, die ganzen Haselnüsse hineingeben und mit einem Spatel umrühren. Karamell auf das Backpapier gießen und mit dem Spatel zu einer Dicke von wenigen Millimetern verstreichen. Abkühlen lassen, damit es fest wird.

3 Den gehärteten Krokant mit einer Teigrolle in kleine Stücke schlagen.

4 In jedes Servierglas 2 Löffel Eis und 1 Shot Kaffee geben. Etwas Krokant und Schokolade daraufgeben. Sofort servieren.

GLUTENFREI

BAISERS MIT KARAMELLISIERTEN BANANEN

Aquafaba ist die Flüssigkeit in einer Dose Kichererbsen. Praktischerweise kann sie als Eiweißersatz dienen. Diese entzückenden Baisers kann man im Voraus zubereiten; denk nur daran, dass du sie in einem luftdichten Behälter aufbewahrst und mit Backpapier voneinander trennst, damit sie nicht zusammenkleben. Sie halten sich 2–3 Tage bei Zimmertemperatur.

EQUIPMENT: **GROẞES BACKBLECH** / **BACKPAPIER** / **SCHÜSSEL** / **ELEKTROMIXER** / **BRATPFANNE**
FÜR **4 PORTIONEN** / VORBEREITUNG: **15 MINUTEN** / KOCHZEIT: **6–10 MINUTEN** /
BACKZEIT: **2 STUNDEN PLUS 20 MINUTEN** ABKÜHLZEIT

- 4 EL Aquafaba
- 45 g sowie 1 EL feinster Zucker
- 2 Bananen
- ¼ TL gemahlener Zimt
- 1 EL vegane Butter oder Margarine
- 2 EL Kokosflocken
- 8 EL veganer Joghurt (wir nehmen Kokosjoghurt)
- Ahornsirup zum Servieren

1 Den Ofen auf 120 °C Ober-/Unterhitze (Umluft: 100 °C, Gas: Stufe ½) vorheizen. Ein großes Backblech mit Backpapier auslegen.

2 Aquafaba in eine Schüssel geben und mit dem Elektromixer 5 Minuten aufschlagen oder bis es weiß und schaumig ist. Esslöffelweise die 45 g Zucker hinzugeben und dabei nochmals 5 Minuten mit dem Mixer aufschlagen, bis steife, glänzende Spitzen stehen bleiben.

3 Die Baisermischung verarbeiten: Mit einem Löffel 12 kleine Baisers auf das mit Backpapier ausgelegte Blech setzen. 2 Stunden backen.

4 Inzwischen die Bananen schälen und in Scheiben schneiden. Von beiden Seiten mit dem restlichen EL Zucker und dem Zimt bestreuen. Eine Bratpfanne auf mittlerer Stufe aufsetzen und die Butter darin schmelzen. Die Bananenscheiben von jeder Seite 3–5 Minuten braten oder bis sie goldbraun und karamellisiert sind. Die Bananen auf einen Teller geben und abkühlen lassen.

5 Die Pfanne auswischen und auf mittlerer Stufe aufsetzen. Kokosflocken 3–5 Minuten rösten oder bis sie eine goldene Farbe haben, dann beiseitestellen und abkühlen lassen.

6 Wenn die Baisers fertig sind, je 3 Stück auf die Servierteller setzen und mit veganem Joghurt, karamellisierten Bananenscheiben, etwas Ahornsirup und den gerösteten Kokosflocken anrichten. Sofort servieren.

GLUTENFREI

KÜHLSCHRANKKUCHEN MIT SCHOKOLADE, ORANGE UND TAHINI

Tahini ist ein Grundnahrungsmittel in unserem Haushalt und du wirst merken, dass wir es für alles Mögliche verwenden – von asiatischen Nudeln (Seite 29) bis zu Tofu-Lahmacun (Seite 90) und eben auch für unkomplizierte Desserts wie diesen Kühlschrankkuchen. Ähnlich wie Erdnussbutter verleiht es den Gerichten ein volles, nussiges Aroma – nur feiner. Es vermischt sich perfekt mit der süßen, mit Orange aromatisierten Schokolade.

EQUIPMENT: **GROßE FEUERFESTE SCHÜSSEL** / **KOCHTOPF** / **KASTENFORM** / **BACKPAPIER**
FÜR **12 PORTIONEN** / VORBEREITUNG: **10 MINUTEN** / KOCHZEIT: **5–10 MINUTEN PLUS 2 STUNDEN** KÜHLZEIT

- 240 g vegane Schokolade, 70 %
- 100 g vegane Butter oder Margarine
- 3 EL Ahornsirup
- 5 EL Tahini
- 150 g vegane Kekse, grob zerkleinert
- 80 g Pistazienkerne, ohne Schale, grob gehackt
- 50 g getrocknete Cranberrys
- 50 g Paranüsse, grob gehackt
- 1 Orange

1. Die Schokolade mit den Händen grob zerbrechen und mit Butter und Ahornsirup in eine große feuerfeste Schüssel geben. Einen Topf auf niedriger bis mittlerer Stufe aufsetzen, etwas Wasser hineingießen und die Schüssel auf den Topf setzen. 5–10 Minuten erwärmen oder bis die Schokoladenmischung geschmolzen ist.
2. Inzwischen Boden und Seiten einer 900-g-Kastenform mit Backpapier auskleiden.
3. Wenn alles geschmolzen ist, die Schüssel herunternehmen und Tahini, Kekse, Pistazien, Cranberrys und Paranüsse einrühren. 1 EL Saft aus der Orange pressen und die Schale abreiben. 1 TL abgeriebene Schale und den Saft in die Schüssel geben. Miteinander verrühren, dann das Gemisch in die ausgekleidete Kastenform füllen und mit einem Spatel glatt streichen.
4. Den Kuchen in den Kühlschrank stellen und mindestens 2 Stunden erkalten lassen oder bis er fest geworden ist. In einem luftdichten Behälter 6–7 Tage aufbewahren oder bis zu 1 Monat einfrieren.

TIEFKÜHLGEEIGNET
GLUTENFREI (GLUTENFREIE KEKSE VERWENDEN)

SCHNELLE SALZKARAMELL-KÄSEKÜCHLEIN

Dieser Nachtisch hat das volle Aroma deines klassischen Käsekuchens, der übliche Aufwand entfällt jedoch. Aus Datteln bereiten wir ein herrliches Karamell zu für die Schicht zwischen zerstoßenen Keksen und weichem veganem Frischkäse. Medjool-Datteln haben typischerweise das beste Karamellaroma, im Grunde tut es aber jede Sorte.

EQUIPMENT: **KLEINE SCHÜSSEL** / **SCHÜSSEL** / **SCHNEEBESEN** / **KÜCHENMASCHINE (OPTIONAL)**
FÜR **4 PORTIONEN** / VORBEREITUNG: **10 MINUTEN** / KOCHZEIT: **KEINE**

8 Datteln (wir nehmen Medjool-Datteln)
6 vegane Kekse
150 g veganer Frischkäse
1 EL Ahornsirup
½ TL Vanilleextrakt
1 EL Zitronensaft
1 EL pflanzliche Milch (optional, wir nehmen Hafermilch)
Salz

1 Die Datteln in einem Schälchen mit heißem Wasser direkt aus dem Kocher bedecken.

2 Die Kekse mit den Fingern zerdrücken, bis sie fast zerkrümelt sind, aber ein paar größere Stücke belassen. Auf 4 Gläser verteilen und ein wenig für später als Topping aufbewahren.

3 In einer Schüssel den Frischkäse mit Ahornsirup, Vanilleextrakt und Zitronensaft verquirlen. Wenn das Gemisch zu dick ist, 1 EL pflanzliche Milch hinzugeben und weiter verquirlen, bis die Masse geschmeidig ist. Kosten und nach Belieben mit Ahornsirup oder Zitronensaft abschmecken.

4 Die Datteln abgießen, die Steine entfernen. Mit 150 ml Wasser und 1 Prise Salz in die Küchenmaschine geben. Alternativ kann man die Datteln fein hacken und in einer Schüssel mit Wasser und Salz zu einer dicken Paste verarbeiten.

5 Nun 3 EL pürierte Datteln in die Käsekuchenmischung geben und diese auf die 4 Gläser verteilen. Die restlichen Datteln, die zerstoßenen Kekse und 1 Prise Salz daraufgeben und sofort servieren.

GLUTENFREI (GLUTENFREIE KEKSE VERWENDEN)

ZITRONEN-THYMIAN-GEBÄCK

Diese Kekse kannst du gut im Voraus vorbereiten. Forme erst die Kekse aus dem Teig und friere sie dann auf einer Platte ein. Sobald sie fest sind, legst du sie in einen luftdichten Behälter und trennst sie dabei mit Backpapier voneinander. Sie halten sich 3 Monate; die Backzeit aus dem gefrorenen Zustand heraus beträgt 18–20 Minuten.

EQUIPMENT: **SCHÜSSEL** / **BACKPAPIER** / **BACKBLECH**
ERGIBT **14 KEKSE** / VORBEREITUNG: **10 MINUTEN PLUS 1 STUNDE** RUHEZEIT / BACKZEIT: **15–18 MINUTEN**

120 g feinster Zucker
180 g vegane Margarine
3 frische Zweige Thymian, Blätter abgezupft
270 g Mehl
100 g gemahlene Mandeln
abgeriebene Schale von 1 Zitrone und 1 EL Saft

1 Zucker und Margarine in eine Schüssel geben und miteinander zu einer Creme verarbeiten. ⅔ der Thymianblätter zusammen mit Mehl, gemahlenen Mandeln sowie Zitronenabrieb und Zitronensaft in die Schüssel geben.

2 Vermengen, bis sich alles vermischt hat, dann den Teig zu einer Kugel formen. In Backpapier einwickeln und 1 Stunde im Kühlschrank ruhen lassen.

3 Zum Backen den Ofen auf 180 °C Ober-/Unterhitze (Umluft: 160 °C, Gas: Stufe 4) vorheizen und ein Backblech mit Backpapier auslegen.

4 Den Teig in 14 Stücke teilen. Jedes Stück zu einer Kugel rollen, dann 3 Finger hineindrücken, damit die flache Keksform entsteht und die Oberseite 3 Vertiefungen bekommt. Die Kekse auf das mit Backpapier belegte Blech setzen und mit den restlichen Thymianblättern verzieren.

5 Die Kekse 15–18 Minuten backen oder bis sie an den Rändern allmählich braun werden.

TIEFKÜHLGEEIGNET
1 KOCHGERÄT

GEBACKENE PFLAUMEN MIT INGWER UND AHORNSIRUP

Pflaumen aus heimischem Anbau haben im August und September Saison. Dann sind sie am saftigsten. Wir mögen sie mit veganer Crème fraîche; falls du diese im Supermarkt nicht bekommst, ist veganer Joghurt ein würdiger Ersatz.

EQUIPMENT: **HOHE AUFLAUFFORM** / **SCHÄLCHEN**
FÜR **4 PORTIONEN** / VORBEREITUNG: **3 MINUTEN** / BACKZEIT: **20–25 MINUTEN**

4 große reife Pflaumen
½ TL gemahlener Ingwer
Saft von 1 großen Orange
3 EL Ahornsirup
2 EL Mandelblättchen
8 EL vegane Crème fraîche

1 Den Ofen auf 220 °C Ober-/Unterhitze (Umluft: 200 °C, Gas: Stufe 7) vorheizen. Die Pflaumen halbieren, Steine entfernen und entsorgen. Die Pflaumenhälften in eine hohe Auflaufform legen und mit dem Ingwer bestreuen. Mit dem Orangensaft, 2 EL Ahornsirup und 4 EL Wasser beträufeln. 15–20 Minuten backen oder bis sie weich geworden sind, aber nicht zerfallen.

2 Die Form aus dem Ofen nehmen, Mandelblättchen auf die Pflaumenhälften streuen und nochmals 5 Minuten backen.

3 Inzwischen die Crème fraîche in einem Schälchen mit dem restlichen EL Ahornsirup vermischen. Die Pflaumen mit der Crème fraîche servieren und mit der sirupartigen Soße aus der Auflaufform beträufeln.

GLUTENFREI
1 KOCHGERÄT

BANANENBROT MIT ZIMTWIRBEL

Zimtwirbel und Bananenbrot zählen mit Sicherheit zu den größten kulinarischen Erfindungen aller Zeiten, deswegen fühlte es sich nur richtig an, zwei unserer absoluten Favoriten zu kombinieren. Wie immer bei Bananenbrot müssen die Bananen sehr reif sein, sodass sie ganz viel von ihrer natürlichen Süße einbringen.

EQUIPMENT: **KASTENFORM / BACKPAPIER / SCHÜSSEL / KLEINER KOCHTOPF / SCHÄLCHEN**
FÜR **10 PORTIONEN** / VORBEREITUNG: **10 MINUTEN** / BACKZEIT: **50 MINUTEN PLUS 5 MINUTEN** ABKÜHLZEIT

3 reife Bananen (320 g ohne Schale)
75 g vegane Butter oder Margarine sowie etwas mehr extra
250 g Mehl
1 TL Backpulver
½ TL Backsoda
2 EL hellbrauner Zucker

FÜR DEN ZIMTWIRBEL

2 EL vegane Butter oder Margarine
80 g dunkelbrauner Zucker
2 EL gemahlener Zimt
1 Prise Salz

1 Den Ofen auf 180 °C Ober-/Unterhitze (Umluft: 160 °C, Gas: Stufe 4) vorheizen. Boden und Seiten einer Kastenform für 900 g mit Backpapier auslegen.

2 Die Bananen in einer Schüssel zu einem glatten Brei zerdrücken. Die 75 g Butter in der Mikrowelle oder in einem kleinen Topf schmelzen, dann mit Mehl, Backpulver, Backsoda und Zucker ebenfalls in die Schüssel geben. Alles gründlich miteinander verrühren.

3 Als Nächstes für den Zimtwirbel die 2 EL Butter in demselben Topf schmelzen und in einem Schälchen mit den restlichen Zutaten vermengen (das Gemisch wird eher etwas trocken sein, doch so wird der Wirbel besser).

4 In die vorbereitete Kastenform ⅓ des Kuchengemischs füllen und gleichmäßig verteilen. Nun ⅓ der Zimtwirbelmischung darauf verteilen und mit einem Messer ein Wirbelmuster in den Teig ziehen. 2-mal wiederholen – also Kuchenteig und Zimtwirbelgemisch hinzufügen – und beide Male das Messer durchziehen. 50 Minuten backen oder bis ein Holzstäbchen beim Einstechen sauber bleibt.

5 Das Brot ein wenig abkühlen lassen und frühestens nach 5 Minuten aus der Form nehmen. In Scheiben schneiden und – falls gewünscht – warm mit etwas veganer Butter servieren. In einem luftdichten Behälter hält sich dieses Bananenbrot 3–4 Tage bei Zimmertemperatur. Alternativ einwickeln und in einem luftdichten Behälter 1 Woche im Kühlschrank oder 2 Monate tiefgekühlt aufbewahren.

TIEFKÜHLGEEIGNET

OBSTSALAT
MIT ORANGEN-KARDAMOM-SIRUP

Kardamom veredelt diesen farbenfrohen Obstsalat gehörig: Die gehackten Samen geben dem Orangensirup ein warmes, harziges Aroma – eine einfache Ergänzung, die dieser Nachspeise eine besondere Note verleiht. Wir haben unsere Lieblingsfrüchte vorgeschlagen, aber dieses Rezept ist auch ein hervorragender Vorwand, um Obst zu verbrauchen, das du schon in der Küche hast.

EQUIPMENT: **KLEINER KOCHTOPF**

FÜR **4 PORTIONEN** / VORBEREITUNG: **9 MINUTEN** / KOCHZEIT: **3 MINUTEN**

- 2 Kardamomkapseln, Samen fein gehackt oder zerstoßen
- Saft und Schale (Zesten) von 1 Orange
- 1 EL feinster Zucker
- ½ TL Vanilleextrakt
- 3 reife Aprikosen
- 200 g Erdbeeren
- 100 g Blaubeeren

1 Die zerstoßenen Kardamomsamen mit Orangensaft, Zucker und Vanille in einen kleinen Topf geben. 3–4 Minuten kochen oder bis das Gemisch zu einem flüssigen Sirup einkocht (nicht dick werden lassen). Abkühlen lassen.

2 Inzwischen die Aprikosen um den Stein herum aufschneiden, die Steine entfernen und die Aprikosen in Spalten schneiden. Erdbeeren putzen und in Scheiben schneiden. Alle Früchte auf einen großen Servierteller oder in eine Schale füllen und mit dem köstlichen Sirup übergießen. Mit etwas Orangenschale garniert servieren.

GLUTENFREI
1 KOCHGERÄT

BAKEWELL-MILCHREIS

Milchreis wird beim Kochen herrlich weich und cremig. Das ist ein willkommenes Plus, er kann aber falls nötig auch durch Basmati- oder Jasminreis ersetzt werden. Dieses köstliche Dessert erinnert uns an die Mini-Bakewell-Törtchen unserer Kindheit und an diese unwiderstehliche Kombination aus Mandeln und Süßkirschen.

EQUIPMENT: **KOCHTOPF** / **BRATPFANNE**

FÜR **4 PORTIONEN** / VORBEREITUNG: **5 MINUTEN** / KOCHZEIT: **35 MINUTEN**

- 1 EL vegane Butter oder Margarine
- 100 g Milchreis
- 500 ml Mandelmilch
- 200 ml vegane Sahne (wir verwenden Hafersahne)
- ½ EL Vanilleextrakt
- 1 Handvoll Mandelblättchen
- 1 EL Ahornsirup sowie etwas mehr extra
- ½ TL Mandelextrakt
- 400 g Kirschen in Sirup aus dem Glas

1 Die Butter in einem Topf auf mittlerer Stufe schmelzen. Reis hinzugeben und 1 Minute anschwitzen. Die Mandelmilch sowie die vegane Sahne und den Vanilleextrakt zugießen. Zum Kochen bringen, dann die Hitze verringern und mit aufgelegtem Deckel 30–35 Minuten simmern lassen oder bis der Reis weich und die Flüssigkeit fast ganz absorbiert ist. Inzwischen eine Bratpfanne auf mittlerer Stufe aufsetzen, die Mandelblättchen hineingeben und 5 Minuten rösten oder bis sie eine goldene Farbe haben.

2 Milchreis vom Herd nehmen und Ahornsirup sowie Mandelextrakt hineinrühren, dann auf 4 Schalen verteilen. Die Kirschen abgießen (Sirup auffangen) und in jede Schale ein paar Kirschen, etwas Kirschsirup und etwas Ahornsirup extra geben. Zum Schluss mit den gerösteten Mandelblättchen bestreuen.

GLUTENFREI (GLUTENFREIE SAHNE VERWENDEN)

MISO-KARAMELL-SCHOKOLADENTARTE

Miso hat die Eigenschaft, alles schmackhafter zu machen. Es ist dasselbe Prinzip wie bei der Zugabe von Salz – Miso lässt die Schokolade vollmundiger schmecken. Nimm unbedingt 70-prozentige Schokolade, denn diese enthält Emulgierungsmittel, die nötig sind, damit sich das Gemisch nicht trennt.

EQUIPMENT: **3 SCHÜSSELN** / **KÜCHENMASCHINE** / **TARTE-FORM** / **TOPF**
FÜR **8 PORTIONEN** / VORBEREITUNG: **20 MINUTEN** / KOCHZEIT: **5 MINUTEN PLUS 2 STUNDEN** KÜHLZEIT

12 Datteln ohne Kern (wir nehmen Medjool)

250 g vegane Kekse

125 g vegane Butter oder Margarine, geschmolzen

2 TL Misopaste (wir nehmen braunes Reismiso)

240 ml vollfette Kokosmilch aus der Dose

1 TL Vanilleextrakt

2 EL Ahornsirup

200 g vegane dunkle Schokolade, 70 %

GLUTENFREI (GLUTENFREIE KEKSE VERWENDEN)

1 Die Datteln in eine kleine Schüssel geben. Mit heißem Wasser direkt aus dem Kocher bedecken und beiseitestellen. 1 Keks zum Verzieren aufheben und die restlichen Kekse in eine Küchenmaschine geben. Per Intervalltaste fein zerkrümeln. Mit der veganen Butter oder Margarine in eine Schüssel geben und komplett miteinander verrühren.

2 Den Keksboden in eine Tarte-Form (23 cm Durchmesser) mit herausnehmbarem Boden füllen. Mit den Fingern gleichmäßig auf dem Boden und an den Seitenkanten verteilen. In den Kühlschrank stellen.

3 Küchenmaschine auswischen. Die Datteln abgießen und mit der Misopaste, 80 ml Kokosmilch, Vanille und 1 EL Ahornsirup in die Maschine geben. Zu einer glatten Masse verarbeiten. Tarte aus dem Kühlschrank nehmen und die Miso-Karamell-Füllung gleichmäßig auf dem Boden verteilen. Wieder in den Kühlschrank stellen.

4 Einen Topf einige Zentimeter hoch mit Wasser füllen und auf niedriger Stufe aufsetzen. Eine Metall- oder Glasschüssel in bzw. auf den Topf setzen und darauf achten, dass ihr Boden das Wasser nicht berührt. Die Schokolade in Stücke brechen und in die Schüssel geben. Restliche Kokosmilch und restlichen Ahornsirup dazugeben. Umrühren, bis die Schokolade ganz geschmolzen ist. Den Boden aus dem Kühlschrank nehmen und die Schokomischung in die Form auf das Karamell gießen. Die Form ein paarmal mit Schwung auf der Arbeitsfläche aufsetzen, damit sich die Oberfläche glättet.

5 Die Tarte mindestens 2 Stunden im Kühlschrank kalt werden lassen oder bis sie fest ist. Zum Servieren aus der Form nehmen, den letzten Keks fein zerstoßen und kreisförmig auf die Tarte streuen.

NÄHRWERTTABELLE

	KALORIEN	PROTEIN	FETT	GESÄTTIGTE FETTSÄUREN	KOHLENHYDRATE	ZUCKER	BALLASTSTOFFE
AFFOGATO MIT HASELNUSS-KROKANT	213	1,3 g	7,1 g	3,4 g	35,8 g	32,2 g	0,5 g
AUBERGINENRAGOUT MIT NEUEN KARTOFFELN (FÜR 3 PORTIONEN BERECHNET)	466	8,1 g	24,2 g	3,7 g	54,8 g	16,6 g	11,0 g
BAKEWELL-MILCHREIS	379	4,2 g	13,7 g	1,5 g	59,5 g	28,9 g	2,1 g
GRÜNES GEMÜSE MIT BANG-BANG-SOSSE	653	20,2 g	20,2 g	3,1 g	96,8 g	10,3 g	9,3 g
TACOS MIT GEGRILLTEN PILZEN	880	19,4 g	29,5 g	8,7 g	131,1 g	24,4 g	9,1 g
SALAT MIT ROTE BETE, RADICCHIO UND FETADRESSING	227	4,4 g	21,7 g	8,2 g	15,9 g	10,3 g	3,9 g
GRÜNKOHL-KICHERERBSEN-SUPPE	398	16,6 g	12,5 g	1,5 g	55,7 g	6,0 g	9,7 g
SALATBLATT-TACOS MIT KICHERERBSEN IN BUFFALOSOSSE	278	9,8 g	15,2 g	1,5 g	23,5 g	3,1 g	6,6 g
BUTTERNUSSKÜRBIS-SALBEI-GALETTE	564	10,0 g	33,2 g	13,8 g	53,8 g	13,1 g	4,9 g
ASIATISCHE NUDELN MIT WEISSKOHL UND TAHINI (BERECHNET FÜR 3 PORTIONEN)	450	15,8 g	17,6 g	2,8 g	54,8 g	21,7 g	14,4 g
SALAT MIT BLUMENKOHLRÖSCHEN IN CAJUN-PANADE	448	13,8 g	12,0 g	1,7 g	70,4 g	11,4 g	7,4 g
RISOTTO MIT CAVOLO NERO	434	8,9 g	8,1 g	2,9 g	75,3 g	4,2 g	4,3 g
FESTTAGSTORTE	394	2,2 g	16,2 g	12,6 g	59,4 g	45,2 g	2,1 g
SALAT MIT GEGRILLTEM MAIS UND SÜSSEM CHILIDRESSING	144	3,6 g	8,6 g	1,2 g	13,7 g	8,4 g	5,3 g
SALAT MIT GEGRILLTEN FRÜHLINGSZWIEBELN UND EDAMAME	456	18,2 g	27,7 g	3,6 g	30,6 g	6,6 g	9,6 g
GERÖSTETER WIRSINGKOHL MIT ZA'ATAR UND LINSEN-TABOULÉ	460	20,0 g	22,1 g	2,0 g	38,3 g	11,1 g	15,3 g
FALSCHE SCHARF-SAURE SUPPE	502	24,8 g	10,4 g	1,8 g	72,4 g	7,7 g	9,8 g

KALORIEN	PROTEIN	FETT	GESÄTTIGTE FETTSÄUREN	KOHLENHYDRATE	ZUCKER	BALLASTSTOFFE	
490	6,6 g	30,5 g	13,1 g	43,3 g	7,0 g	3,8 g	TARTE MIT LAUCH, ARTI-SCHOCKEN, KÄSE UND CHILI
469	10,8 g	24,4 g	10,8 g	47,0 g	8,8 g	5,2 g	SAMOSA-RÖLLCHEN MIT KICHERERBSEN UND SPINAT
491	19,1 g	9,1 g	1,3 g	79,3 g	6,2 g	9,0 g	PASTASALAT MIT KICHER-ERBSEN-»THUNFISCH« UND GERÖSTETEM MAIS
408	12,9 g	15,7 g	2,7 g	57,6 g	16,4 g	13,6 g	CHILI-BROKKOLI MIT SÜSSKARTOFFELBREI
429	15,2 g	13,5 g	9,4 g	59,3 g	8,2 g	13,4 g	CHIPOTLE MOLLETES
371	5,8 g	26,2 g	7,3 g	27,6 g	17,2 g	3,6 g	KÜHLSCHRANKKUCHEN MIT SCHOKOLADE, ORANGE UND TAHINI
216	2,4 g	8,0 g	0,1 g	33,7 g	14,5 g	1,4 g	BANANENBROT MIT ZIMTWIRBEL
381	9,8 g	12,0 g	1,2 g	57,2 g	6,3 g	3,8 g	COCA DE TOMATE
605	13,6 g	27,2 g	16,5 g	74,9 g	15,1 g	9,7 g	AUBERGINENCURRY MIT KOKOS, CHILI UND LIMETTE
625	13,5 g	29,9 g	3,5 g	74,6 g	23,5 g	6,7 g	CIABATTA MIT CURRY-BLUMEN-KOHL
384	9,8 g	30,0 g	5,6 g	18,3 g	3,5 g	5,5 g	CREMIGER AVOCADOSALAT
515	14,1 g	29,7 g	3,7 g	44,0 g	5,2 g	8,3 g	CREMIGE PASTA E FAGIOLI
438	8,2 g	21,8 g	2,8 g	50,9 g	4,6 g	3,9 g	GNOCCHI MIT CREMIGEM PESTO ROSSO
439	14,6 g	19,3 g	2,1 g	50,8 g	24,0 g	9,7 g	KNUSPRIGE WEISSKOHL-BRAT-LINGE
510	32,6 g	24,4 g	3,9 g	39,9 g	17,8 g	4,5 g	SALAT MIT KNUSPRIGEM CHI-LI-TOFU
366	12,6 g	15,3 g	2,0 g	44,5 g	4,5 g	5,2 g	KNUSPRIGE PITABROT-NACHOS MIT HUMMUS
499	16,4 g	17,2 g	2,7 g	74,9 g	8,4 g	7,4 g	GERÖSTETER BLUMENKOHL MIT KREUZKÜMMEL, DAZU COUSCOUS UND PAPRIKASOSSE (BERECHNET FÜR 3 PORTIONEN)

	KALORIEN	PROTEIN	FETT	GESÄTTIGTE FETTSÄUREN	KOHLENHYDRATE	ZUCKER	BALLASTSTOFFE
TOMATEN-KICHERERBSEN-CURRY AUF TOAST	485	19,2 g	13,1 g	2,0 g	73,2 g	13,7 g	12,1 g
STROGANOFF AUS ZWEIERLEI BOHNEN	517	15,7 g	12,0 g	1,8 g	86,9 g	6,4 g	11,3 g
ROTE-BETE-BURGER MIT DOPPELT KÄSE	735	22,3 g	29,1 g	11,8 g	93,2 g	21,6 g	12,1 g
FAMILIENFREUNDLICHER PASTA-AUFLAUF	513	16,6 g	9,2 g	3,0 g	88,5 g	15,1 g	6,9 g
FEURIGE PFEFFERPFANNE	707	30,8 g	21,3 g	3,4 g	102,3 g	12,5 g	5,0 g
FIESTA-REIS	479	19,1 g	9,9 g	1,9 g	69,0 g	8,4 g	23,6 g
FRANZÖSISCHE ZWIEBEL-PILZ-SUPPE MIT KNOBLAUCHBROT	535	15,3 g	10,9 g	0,6 g	89,7 g	20,3 g	10,1 g
OBSTSALAT MIT ORANGEN-KARDAMOM-SIRUP	59	1,2 g	0,4 g	0,0 g	13,4 g	13,4 g	3,4 g
RIESEN-COUSCOUS, LAUCH UND BROKKOLI	320	5,7 g	17,7 g	8,0 g	26,8 g	2,4 g	4,0 g
GNOCCHI ALL'AMATRICIANA	447	8,3 g	14,0 g	6,3 g	70,4 g	7,0 g	5,0 g
SCHMELZENDE SCHOKOLADENBROWNIES	409	4,5 g	17,6 g	5,4 g	55,9 g	42,3 g	4,6 g
ZUCCHINI MIT HARISSA-WALNUSS-FÜLLUNG	358	7,7 g	32,2 g	4,2 g	8,5 g	6,8 g	4,3 g
HARISSA-AUBERGINEN AUF BUTTERBOHNENMUS (BERECHNET FÜR 3 PORTIONEN)	430	23,0 g	12,0 g	2,8 g	51,5 g	12,4 g	22,5 g
HARISSA-BOLOGNESE	488	16,9 g	9,2 g	2,1 g	74,1 g	12,3 g	10,7 g
JAMAIKANISCHES TOFU-CURRY	501	21,2 g	28,3 g	4,3 g	42,5 g	9,8 g	8,2 g
PERSISCHER REISSALAT MIT EDELSTEINEN	455	8,5 g	16,3 g	1,9 g	69,8 g	32,0 g	5,6 g
SALAT AUS GRÜNKOHL UND ORANGEN MIT INGWERDRESSING	430	10,0 g	25,6 g	2,5 g	41,0 g	39,1 g	9,0 g

KALORIEN	PROTEIN	FETT	GESÄTTIGTE FETTSÄUREN	KOHLENHYDRATE	ZUCKER	BALLASTSTOFFE	
178	3,0 g	7,9 g	1,1 g	23,4 g	9,0 g	1,3 g	ZITRONEN-THYMIAN-GEBÄCK
724	9,4 g	50,1 g	39,9 g	59,4 g	9,5 g	4,3 g	CURRY MIT ZITRONENGRAS UND KOKOS
783	35,8 g	28,1 g	4,4 g	93,7 g	14,3 g	9,9 g	ZITRONENTOFU UND ASIATISCHE NUDELN
182	2,5 g	9,1 g	3,1 g	23,0 g	20,1 g	2,7 g	GEBACKENE PFLAUMEN MIT INGWER UND AHORNSIRUP
437	16,6 g	18,2 g	7,3 g	46,8 g	7,2 g	11,0 g	WÜRZPASTETE
454	31,3 g	22,0 g	3,8 g	32,4 g	7,9 g	9,4 g	MASALA-TOFU UND KARDAMOM-REIS
221	1,6 g	9,1 g	6,3 g	33,5 g	29,9 g	2,7 g	BAISERS MIT KARAMELLISIERTEN BANANEN
237	5,9 g	17,3 g	3,3 g	11,3 g	6,5 g	5,6 g	MEXIKANISCHE LINSEN-BOWL MIT JALAPEÑO-DRESSING
554	5,5 g	32,9 g	12,6 g	60,7 g	40,4 g	6,5 g	MISO-KARAMELL-SCHOKOLADENTARTE
401	15,6 g	10,8 g	1,3 g	58,5 g	30,2 g	14,2 g	KÜRBIS-KICHERERBSEN-EINTOPF NACH MAROKKANISCHER ART
429	10,8 g	4,8 g	1,0 g	82,2 g	15,0 g	13,6 g	PILZ-DATTEL-PASTETE
456	15,7 g	15,2 g	2,1 g	66,0 g	9,2 g	8,7 g	BLUMENKOHLSTEAKS MIT SENFKRUSTE
482	26,5 g	17,7 g	2,7 g	49,3 g	4,6 g	9,2 g	»RÜHREI« AUS VEGANER 'NDUJA-PASTE UND TOFU
618	25,4 g	30,0 g	4,1 g	54,4 g	9,6 g	16,4 g	NUSSIGER SUPERFOOD-SALAT
588	18,3 g	16,5 g	2,1 g	89,4 g	11,6 g	7,6 g	ONE-POT-ORZO-NUDELN MIT SONNENGETROCKNETEN TOMATEN
322	15,5 g	6,1 g	0,8 g	51,0 g	21,7 g	7,5 g	ZWIEBEL-PAKORAS MIT LIMETTENSALSA
552	19,4 g	20,8 g	3,8 g	68,6 g	13,4 g	9,6 g	UNSER LIEBLINGS-LO-MEIN

	KALORIEN	PROTEIN	FETT	GESÄTTIGTE FETTSÄUREN	KOHLENHYDRATE	ZUCKER	BALLASTSTOFFE
ERDNUSSBUTTER-AUBERGINEN MIT ZERSTOSSENER GURKE	347	13,7 g	24,7 g	4,2 g	16,8 g	13,6 g	9,8 g
REIS-BOWL MIT PEKING-»ENTE«	408	7,4 g	5,6 g	0,9 g	83,4 g	20,7 g	6,9 g
KICHERERBSEN-WALNUSS-EINTOPF PERSISCHE ART	637	23,6 g	31,6 g	4,3 g	60,0 g	10,2 g	13,8 g
PORTOBELLO-STEAKS UND KARTOFFELMUS	406	10,8 g	17,2 g	1,5 g	51,1 g	6,8 g	8,7 g
AUBERGINEN-BÁNH-MÌ	849	24,8 g	23,9 g	3,0 g	142,8 g	20,9 g	15,2 g
REIS UND ROTE BOHNEN	533	21,8 g	6,3 g	1,5 g	93,3 g	6,4 g	20,4 g
PIZZABAGUETTES MIT PAPRIKA-TAPENADE	422	13,1 g	18,7 g	2,0 g	50,0 g	5,8 g	6,5 g
PASTA MIT REIFEN TOMATEN UND PILZEN (BERECHNET FÜR 3 PORTIONEN)	487	16,1 g	6,9 g	1,2 g	88,3 g	11,0 g	6,9 g
DAL MIT BUTTERNUSSKÜRBIS AUS DEM OFEN UND KNUSPRIGEN SCHALOTTEN	403	25,8 g	5,4 g	0,8 g	66,8 g	13,9 g	20,5 g
ROXYS BIGOS (BERECHNET FÜR 4 PORTIONEN)	544	23,5 g	9,8 g	4,1 g	92,0 g	14,6 g	15,3 g
»LACHS«-KAROTTE UND MISOBUTTER AUF RÖSTBROT	529	9,3 g	32,0 g	3,8 g	52,4 g	7,1 g	8,1 g
SAUTIERTE ZUCCHINI MIT TOMATEN-BULGUR UND SUMACHSALZ	401	11,4 g	10,7 g	1,3 g	67,6 g	5,9 g	8,2 g
SLOPPY JOE QUESADILLAS	405	11,5 g	13,7 g	8,6 g	58,8 g	8,3 g	8,4 g
SALAT UND ZERDRÜCKTE NEUE KARTOFFELN MIT KNOBLAUCH-DRESSING	344	9,2 g	12,3 g	1,4 g	52,0 g	7,9 g	7,5 g
SCHNELLE SALZKARAMELL-KÄSEKÜCHLEIN	244	2,3 g	13,1 g	9,9 g	29,1 g	16,2 g	2,7 g
GEWÜRZTER APFEL-PFANNKUCHEN VOM BLECH	160	2,6 g	4,9 g	0,2 g	26,3 g	9,9 g	1,5 g
PASTA MIT SPINAT UND ARTISCHOCKEN	395	13,2 g	7,3 g	1,5 g	68,1 g	5,8 g	6,0 g

KALORIEN	PROTEIN	FETT	GESÄTTIGTE FETTSÄUREN	KOHLENHYDRATE	ZUCKER	BALLASTSTOFFE	
463	14,5 g	22,4 g	3,6 g	49,0 g	10,9 g	9,9 g	SALAT MIT SPINAT UND SESAM
348	12,6 g	7,6 g	1,2 g	59,5 g	5,5 g	5,3 g	FRÜHLINGSPANZANELLA (BERECHNET FÜR 3 PORTIONEN)
521	17,2 g	18,5 g	3,1 g	74,5 g	17,8 g	10,2 g	BOWL MIT SRIRACHA-BLUMENKOHL AUS DEM OFEN (BERECHNET FÜR 3 PORTIONEN)
440	3,2 g	23,5 g	0,2 g	53,8 g	26,4 g	5,3 g	VERSUNKENER ERD-BEERKUCHEN
241	3,9 g	13,1 g	5,3 g	25,1 g	9,1 g	2,4 g	TARTE MIT SOMMERFRÜCHTEN UND CHIASAMEN
435	8,1 g	13,8 g	1,7 g	73,8 g	25,9 g	10,9 g	SÜSSKARTOFFEL-BLUMEN-KOHL-CHAAT (BERECHNET FÜR 3 PORTIONEN)
740	17,7 g	26,4 g	16,3 g	107,4 g	12,0 g	11,7 g	SÜSSKARTOFFEL-KICHERERB-SEN-CURRY MIT KURKUMA
627	8,9 g	21,9 g	15,6 g	104,9 g	18,3 g	8,2 g	SÜSSKARTOFFEL-KATSU
231	7,0 g	13,4 g	2,1 g	18,5 g	5,4 g	6,4 g	SÄUERLICHER PAPADAM-SALAT
629	26,8 g	22,4 g	3,2 g	74,9 g	9,3 g	17,1 g	RAMEN MIT TERIYAKI-BOHNEN-BÄLLCHEN
411	20,5 g	9,9 g	3,9 g	56,0 g	7,6 g	23,9 g	TORTILLA-SUPPE MIT DREIERLEI BOHNEN
629	30,8 g	31,9 g	3,9 g	50,7 g	11,3 g	10,8 g	TOFU-LAHMACUN
396	12,9 g	7,0 g	1,2 g	73,1 g	26,5 g	9,7 g	TOMATEN-BUTTERBOH-NEN-SALAT MIT SUMACH (BERECHNET FÜR 3 PORTIONEN)
541	13,7 g	19,0 g	2,8 g	83,7 g	13,4 g	9,5 g	TOMATEN-FENCHEL-MAKKARONI-SUPPE (BERECHNET FÜR 4 PORTIONEN)
453	16,0 g	19,7 g	2,3 g	49,6 g	8,6 g	10,4 g	FLADENBROTE MIT ZA'ATAR-GEMÜSE

REGISTER

DANKSAGUNG

Dieses Buch wäre ohne die intensive Arbeit und die Unterstützung von sehr vielen Menschen nicht möglich gewesen.

Wir danken allen bei MJ. Ein besonderer Dank geht an unseren Cheflektor und Projektmanager Dan Hurst, denn er hat das Schiff gesteuert. An Aggie Russell, Daniel Prescott-Bennett, Sarah Fraser, Olivia Thomas, Ellie Hughes, Hattie Evans, Ellie Morley und Emma Henderson: Danke, dass ihr uns wieder das Gefühl gegeben habt, zu Hause zu sein.

An das Dream-Team: Yuki Sugiura, Frankie Unsworth und Georgia Rudd. Zu erleben, wie unser Essen in diesen herrlichen Aufnahmen lebendig wird, war wirklich ein Privileg.

An Zara Murdoch und Anna Dixon: Danke für all eure intensive Arbeit.

An Katy Gilhooly, Annie Lee, Emma Horton, Kay Halsey: Wir danken euch für all eure Arbeit hinter den Kulissen, die uns geholfen hat, das bestmögliche Buch zu kreieren.

An unsere Familie und unsere Freundinnen und Freunde. Eure beständige Liebe und Unterstützung bleiben niemals unbemerkt. An Maya und Esi, danke für alles.

Zum Schluss rufen wir der wunderbaren SO-VEGAN-Community ein Riesendankeschön zu. Ohne euch alle wäre nichts hiervon möglich.

Herzlichste Grüße

ROXY + BEN, SO VEGAN

Bibliografische Information der Deutschen Nationalbibliothek
Die Deutsche Nationalbibliothek verzeichnet diese Publikation in der Deutschen Nationalbibliografie. Detaillierte bibliografische Daten sind im Internet über https://dnb.de abrufbar.

Für Fragen und Anregungen
info@m-vg.de

Wichtiger Hinweis
Ausschließlich zum Zweck der besseren Lesbarkeit wurde auf eine genderspezifische Schreibweise sowie eine Mehrfachbezeichnung verzichtet. Alle personenbezogenen Bezeichnungen sind somit geschlechtsneutral zu verstehen.

1. Auflage 2024

Türkenstraße 89
80799 München
Tel.: 089 651285–0

Die englische Originalausgabe erschien 2023 bei Penguin Michael Joseph unter dem Titel *So Vegan: EASY.*

Übersetzung: Martina Fischer
Redaktion: Ulrike Reinen
Umschlaggestaltung: Sonja Vallant
Umschlagabbildung und Abbildungen Innenteil: Yuki Sugiura
Satz: Lara Nelles (schere.style.papier), München
Druck: Firmengruppe APPL, aprinta Druck, Wemding
Printed in Germany

ISBN Print 978-3-7423-2615-7
ISBN E-Book (PDF) 978-3-7453-2400-6
ISBN E-Book (EPUB, Mobi) 978-3-7453-2401-3